日本古代正倉建築の研究　目次

目次

序章　本研究の目的と意義―――13
第一節　倉庫建築研究の意義　14
第二節　従来の倉庫建築に関する史的研究　17
第三節　研究の構成　20
第一章　律令国家における正倉建築の機能―――25
第一節　正倉建築の研究意義とこれまでの研究　26
一　正倉建築の研究意義　26
二　これまでの研究と業績　27
第二節　正倉建築に関する貯蔵物からの分析　31
一　穎　31
二　穎倉　32
A　穎倉・穎屋の収蔵状態による穎体積の計算

B　穎倉の底敷穎稲による穎体積の計算
C　穎倉の建築構造
三　穀倉　35
A　塞の大きさと穀倉の大きさとの関係
B　底敷穎稲に関する問題
C　穹隆高
D　穀倉と穎倉の収容力の比較
E　穎倉と穀倉の収蔵量の比較
F　穀倉の壁体に求められる力学的条件
四　穎倉と穀倉との建築に要求される条件　43
第三節　正倉建築における管理形態からの分析　43
一　不動倉と動倉との関係　43
二　不動倉の管理方式と利用状態　45
A　鎰の管理
B　不動穀の蓄積方法
C　不動穀の保存年限と更新の状況
三　不動倉建築に要求される条件　48

第二章　律令国家における正倉建築の規格と実態――53
はじめに
第一節　正倉建築の規格　54
一　規格に関係する諸条件の分析　54
A　記載寸法の意味
B　穀倉の高さと積高の満・未満との関係
C　斛法の問題
二　正倉規格の実態　59
A　税帳・交替帳の穀倉に関する分析
B　その他の倉庫について穀倉とみなした場合の分析
三　正倉規格の変遷　63
第二節　規模寸法による倉庫構造の分析　63
一　総集計値による構造の分析　63
A　板倉
B　甲倉
C　丸木倉
D　屋

二　正税帳・交替帳の集計値による構造の分析　65
三　所管別集計値による構造の分析　65
第三節　屋根葺き材による倉庫構造の分析　67
一　総集計表による分析　67
二　個別文書による分析　67
A　孝謙天皇関係施入勅案
B　西大寺資財流記帳

第三章　正倉の構造とその変遷――73
はじめに
第一節　正倉の構造に関する名称と特徴　74
一　丸木倉　74
二　甲倉　75
A　防湿乾燥を目的とする説
B　耐力壁を目的とする説
C　生産条件に基づくとする説
D　装飾を目的とする説

三　板倉　79
A　板倉は厚板によるあぜ倉組の構造である
B　板倉は厚板を柱の溝に落とし込んだ横はめ板方式の構造である
四　土倉　86
第二節　正倉に準じて使用された施設の構造に関する名称と特徴　87
一　倉庫と高床形式との関係　87
二　高床形式以外の収納貯蔵施設の構造に関する名称と特徴　90
A　屋
B　倉下
C　倉代
三　高床形式以外の倉庫施設の機能と性格　93
第三節　正倉建築における構造の変遷　97
一　あぜ倉以前の稲倉　97
二　あぜ倉組みの登場　100
A　古代日本周辺におけるあぜ倉組みの存在
B　あぜ倉組の渡来
C　渡来当時のあぜ倉組みとその影響
三　穀倉としての甲あぜ倉の誕生　102

A　穀倉としての甲倉と板倉
B　甲あぜ倉誕生の理由
C　甲あぜ倉誕生の背景
D　校倉遺構にみられる穀倉の痕跡
E　甲あぜ倉の穀倉としての限界
四　横はめ板方式板倉の普及　111
五　土倉への転換　112

第四章　正倉としての板倉とその影響――117

第一節　正倉と地方官衙の建築生産組織　118
一　地方官衙における正倉の造営　118
二　国衙系建築生産組織の形成　121
第二節　板倉と和様　123
一　和様の伝統と板壁　123
二　和様仏堂の横はめ板壁　130
三　板倉系建築の系譜　130

第五章　中世倉庫建築の変革とその影響――137
第一節　土倉への変革　138
一　土倉への変革とその背景　138
二　土倉建築の実態　139
第二節　土蔵造りと城郭建築　143
一　白堊総塗り込め式城郭の出現　143
二　塗り込め式構法の技術的系譜　145
結　150
付章一　あぜ倉・せいろうなど積重式構法に関する用語規定――155
一　はじめに　156
二　あぜ倉の用例と構法　156
三　せいろうの用例と構法　159
四　両者に関する類似構法の諸例　161
五　構法の比較と史的考察　165

六　用語の規定と適用　166

付章二　東日本におけるせいろう造り倉庫について——171

一　はじめに　172
二　分布の概要　172
三　せいろう造り倉庫の分布と実例　173
A　積み重ね式せいろう造り
B　積み重ね式せいろう造りの変化型
C　縦せいろう造り
四　せいろう造り倉庫が建設された理由　184

あとがき　187

表　一覧　xiv
図・写真一覧　xii
索　引　i

序章　本研究の目的と意義

第一節　倉庫建築研究の意義

倉庫とは保管貯蔵のための施設である。人類は長い歴史の歩みのなかで、狩猟・採集に依存して生きる状態から、農耕と牧畜を開始し、多少の余剰を得、屋内や野外の土壙等を利用して保管貯蔵を開始した。(1) やがて金属器の使用により農業技術が革新され、灌漑工事も行われ、土地の生産性は向上した。かくして生産余剰は増加し、社会的分業が可能になり、さらに権力者等の出現により余剰の収穫も行われ、蓄積の増大をみた。このような背景があって、余剰や蓄積を保管貯蔵する倉庫は進歩発展をとげ、独自の機能を有する倉庫が出現するに至った。こうした倉庫の存在は人類の計画性の現れであり、倉庫は極めて重要な施設であった。このため倉庫の建設にあたっては、当時としての高級な技術が使用されたのである。

古代文明発祥の地における倉庫をみると、メソポタミアでは、例えば紀元前三五〇〇年頃とみられるテル・アル・サラサート第二丘で、日乾しレンガを主体とする円形平面を持つ穀倉が存在し、ドームに近い屋根を有していた。(2) なおこの形態はトーロス型の神殿の原型となった。(3) またエジプトでは紀元前一三〇〇年頃新王国第一九王朝にテーベに営まれたラムセス二世の葬祭殿（ラメセウム）に付属した倉庫において、石造りの本殿に対して日乾しレンガによるアーチ・ヴォールト構造が大規模に展開されていた。(4) インダス文明では、紀元前二五〇〇年頃に造られた穀倉が、ハラッパーやモヘンジョ・ダロ遺跡から発見されている。すなわちハラッパー遺跡では五〇×二〇フィートの長方形の平面を持つ一定規模の大穀倉が六棟ずつ二列に並び、高床式に床が張られ、通風換気の設備があった。(5) 中国では黄河流域を中心として、すでに仰韶文化（紀元前二五〇〇年）以来、窖穴による貯蔵が行われており、(6) 隋・唐の時代には、例えば洛陽の含嘉倉のような大規模な穀倉群が設営されていた。(7)

以上のような倉庫において、当時としては考えられぬような規格化された大規模な穀倉が建設され、かつ優れた設備を有していた事実や、次の時代において構造上重要な地位を占めるようになるドームの形状や、ヴォールト構法が倉庫において使用された事実が注目される。

日本においても倉庫の発生は諸文明とほぼ共通の発達を示している。まず穀物等の保管貯蔵は竪穴式住居の内外における土壙等において行われていたが、農耕が一般化した弥生時代においては、生じた余剰と蓄積とを収容するため高床式の倉庫が出現した。当時の倉庫は登呂・山木遺跡の遺物にみられるように、細材を使って緊結・ほぞ差等によるものであった。古墳時代になると、例えば茶臼山古墳出土の埴輪家にみられるような、大材を用いた、台輪・土居・横はめ板等の高級な技術を使ったものが登場した。やがてこれらの技術を基にして、大陸からの影響を加えて、律令制による古代国家の正倉である甲倉や板倉などの新しい形式の倉庫が誕生

図１　テル・アル・サラサート第２丘の穀倉 BC3500年『建築の誕生』小林文次著　1959、中央の第２号穀倉から底から炭化した麦粒が大量に出土し穀倉であることが証明された。

図２　ラムセス２世の葬祭殿付属倉庫 BC1300年、この倉庫ではエジプトでは珍しいアーチ・ヴォールト構造が使われた。(『エジプト』J.I.C.1964、P108より)

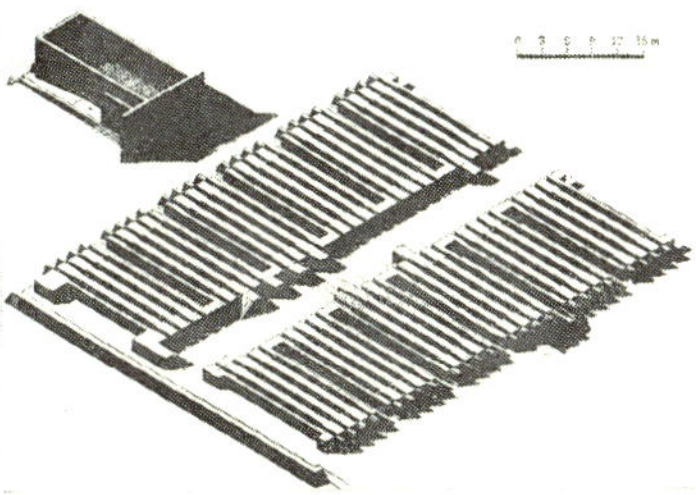

図３ ハラッパーの穀倉復原図　BC2500年、大規模の穀倉が設営されていた。(ウイラー『インダス文明』より)

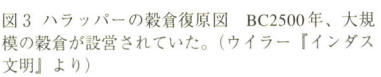

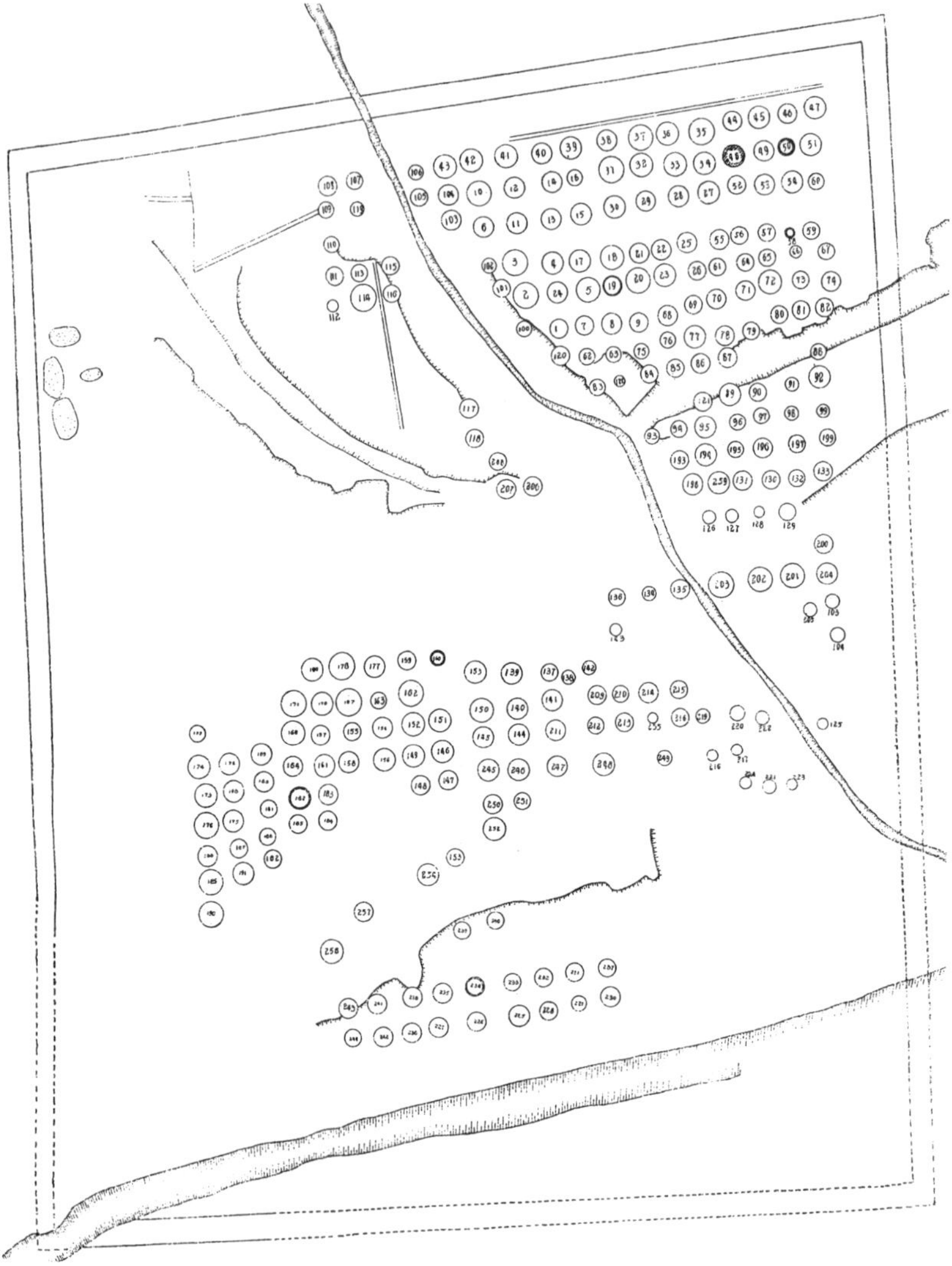

図4　洛陽含嘉倉穴倉分布図　広大な敷地に営まれた穀倉で、各倉には整然と名称が付けられていた。（『文物』1972.3.より）

し、全国的に大量に建設普及されたのである。

しかしながら古代の倉庫に関しては、一般に奈良正倉院に現存するような校倉のみを記念建造物としてとらえることが行われているだけであり、校倉の存在はほとんど無視されていた。これまでの日本建築史では、倉庫建築の研究が独自かつ特殊のものとしてとらえられ、建築史の中心的な問題については影響を持つことなく過ごしてきた。

筆者はこの点について注目し、単に倉庫についての発展を解明するにとどまらず、日本における倉庫建築の発展が、いかなる影響を及ぼしたのか、また日本建築の変革に倉庫の発達がいかに貢献をなしたかを見とどけ、この興味ある過程を解明することの必要を認め、本研究の目的とした。

第二節　従来の倉庫建築に関する史的研究

日本における倉庫建築に関するこれまでの研究について、本研究に関係の深い、原始時代、古代、および中世以降の三つに区分してのべる。

原始時代の倉庫建築についての研究は、考古学を中心にして展開している。弥生時代以降の余剰生産物は土壙あるいは高床家屋に貯蔵されたが、特に高床家屋に関しては学会の強い関心がはらわれてきた。すなわち早くから土器・銅鐸・鏡・埴輪により示された、高床家屋について分析的な研究が行われており[8]、また近年数多くの遺跡において高床家屋跡が発見され[9]、いずれもそれが倉庫を示すものであるとする見解が発表されている。しかしながら登呂・山木遺跡で発見された柱脚に鼠返しの取り付けられた状態で出土した遺物[10]以外は、その高床家屋が住居でなく倉庫であるとする判定基準は、いずれもその可能性を示すだけのものであって、全面的な肯定はできない。[11]今後研究の進展を目指すためには、関係遺物、[12]管理形態、[13]技術系統[14]に対する精密なる分析を通じて、障壁を乗り越えることが必要とみられる。

古代の倉庫建築に関する史学の分野からの研究は、正倉院に関して、すでに喜田貞吉によって行われていたが、[15]正税帳による本格的な研究は沢田吾一によって開始された。特に穀倉の研究において、塞の解釈や斛法を立証したこと[16]は大きな業績となった。近年では詳細な研究が相次いでいるが、村尾次郎の『律令財政史の研究』が発表され、倉庫制度から正倉の構造・規格まで言及されている。[17]最近諸国における正倉の中心が存在する郡衙について、発掘調査が盛行しているが、[18]その考古学的成果の上に、文献史学との総合を目指した研究が行われ、[19]遺構の研究を通して、郡衙の本質類型化を求める傾向もみられる。

古代の倉庫建築に関する建築史および美術史の分野からの研究は、校倉を中心として展開した。まず校倉の名称については、足立康・村田治郎によって、古代文献にある甲倉の解釈に進展がみられ、[20]正倉院宝庫については、特に双倉の問題に焦点がしぼられ論争が行われた。福山敏男による「東大寺の諸倉と正倉院宝庫」[21]は以上の論議を総括すると共に、これまで論究されなかった建築の構造についても示唆に富むものである。その間石田茂作により、全国的な校倉調査をふまえた様式編年が完成したことは大きな成果であった。[22]校倉の系統に関しては、村田治郎の「東洋建築系統史論」[23]において詳説されているように外来の構法とする見解が有力とみられるが、伊東忠太の校倉を日本固有の建築とし、法隆寺に校倉の手法が存し、この傾向は奈良時代前期に及んで変化するという指摘[24]は重要であろう。さて福山敏男の「中古における伊勢神宮の別宮正殿は板校倉であった」[25]とする指摘は板校倉の重要性を示した。その後神社と穀倉との関係について論議も行われたが、[26]近年刊行された渡辺保忠の『伊勢と出雲』[27]は、板校倉を含めた倉庫建築発達の全体像を的確に示すものとして価値が高いものである。なお最近古代の校倉等の倉庫遺構に関して解体修理が行われ、その報告書[28]ならびに研究[29]が刊行されていることは研究発展上心強いことである。

中世以降の倉庫建築に関する史学の分野からの研究は、中世に関しては都市化の背景の下に活躍した金融業者の名称となった土倉、近世に関しては都市では蔵屋敷・農村では郷蔵等に関心が集中しそれぞれ多くの業績が生まれた。[30]また特殊な分野では文庫についてもいくつかの成果がある。[31]しかしながら特に中世に関しては、古代と比較してその建築的実態を示す史料は極めて乏しい。次に建築史の分野からの研究は、すでに春日権現験記絵にみられる土倉は『風俗研究』[32]誌上にはやくから紹介されていたが、戦前は土倉は現存する土蔵とほぼ同様のものとみられ、校倉のように珍重すべき対象と考えられぬこともあってか活発には研究がなされなかったようである。わずかに川上邦基による『日本壁の研究』[33]が成果としてあげられる。戦後は太田博太郎による防火史、[34]太田静六による文倉、[35]山田幸一による壁[36]の立場からの研究がなされ、それぞれ成果をあげた。その後伊藤ていじによって、土倉の文献研究が行われ、民家研究を含めた民俗的立場よりする研究を総合した『日本の倉』[37]が発表されている。なお松本清による『日本倉庫史』[38]があるが、各時代別に各種の倉庫を項目別に取り上げており、一貫した著述になっていない。

以上述べたように従来の研究は、倉庫の範囲内に限定して解明しようとしたものであり、その点において視野の狭さという欠陥を有していた。かくて倉庫が建築全体の中で特に重要な意味を持っていた古代における倉庫建築を含めて、意外と研究が乏しいのである。

従って本研究は古代、具体的には当時における倉庫の中心である正倉の建築を対象として、その実態を解明し、その日本建築史発展への影響をみとどけたいと思う。

第三節　研究の構成

本研究は、序章、本文五章十三節、結ならびに付章からなっている。

序章は倉庫建築研究の意義として、原始時代から古代にかけて、倉庫が人類にとって重要な施設であり、倉庫には当時として高級な技術が使われており、かつ広範に数多く建造されたことにより、その後の建築の発展に影響を及ぼしたことをのべている。

ついでこれまでの研究を具体的に検討し、問題点を指摘し研究方法を提示した。

本文第一章は古代律令制国家において重要な施設であった租税を収納する稲穀用の正倉建築について、第一節においては研究意義とこれまでの研究についてのべ、第二節においては収蔵物の穎・穀によって生ずる諸条件、第三節においては動倉・不動倉等使用管理面から求められる諸条件について、律令国家財政に関する基本的文献である正税帳を主体として、主として機能面からの分析を行った。

第二章は前に引き続き正倉建築について、第一節においては設計および使用の時点における規格の問題を分析し、第二節においては古代の倉庫に関する史料を利用して、倉の長さ・広さ・高さ、及び以上から推定される規模・平面・断面の形状について、構造別に考察した。第三節においては倉庫の屋根材と規模などの関係について分析した。

第三章は正倉建築、およびそれに準用される施設について、構造に関する名称と特徴を明確ならしめ、次に正倉構造の相互関係、ならびに各種構造の発生・展開・終焉等の諸相を具体的に論及した。すなわち第一節では正倉の構造として丸木倉・甲倉・板倉・土倉を扱い、第二節では屋・倉下・倉代を扱った。第三節では正倉構造の主体として、初期にみられた丸木倉が、甲倉・板倉に代わり、やがて板倉が卓越した事情、ならびに末期には土倉への転換がみられたことをのべた。

第四章は正倉の中心として用いられた板倉について再論し、第一節では地方官衙において板倉の広範な建設活動を通じて地方の建築生産組織が育成され、やがて国衙《こくが》系生産組織として中世につながっていくことをのべた。第二節では古代末期から中世前期において和様仏堂に横はめ板壁が多くみられることを、禅宗様の縦板壁と対比させ、和様における板壁の伝統形式に地方における国衙系の生産組織が関係したことをのべた。なお神社や上流住宅も板倉系の伝統を有することについてのべた。

第五章は中世の倉庫構造は、古代の板倉に代わって土倉が中心的存在に変換したこと、ならびにその結果一般建築に与えた影響についてのべた。第一節では土倉への変換の背景が都市の発達による耐火構造への要請にあったことをのべ、中世における土倉建築の普及状態・技術的進歩について言及した。第二節では近世建築を代表する城郭建築が土倉の技術に裏付けられて出現したことをのべ、かつ城郭によって進歩した技術が更に近世における土蔵造り建築の進歩と普及に貢献したことをのべた。

結では以上のべたところを総括要約した。

なお付章一においてあぜ倉組・せいろう組などの積重式構法について分析と規定について述べ、付章二において東日本のせいろう組とその変形について述べた。

注

（1）乾燥穀物の貯蔵坑は古代の三大河川流域の文明のすべてから知られる。チャールズ・シンガー他『技術の歴史二』、筑摩書房、一九六五年、二〇四頁。参照。
（2）江上波夫「テル・アル・サラサート第二丘遺跡で発見された穀倉について」『民族学研究』、二三の一～二号、一九五八年。
（3）小林文次『建築の誕生』相模書房、一九五九年、四九～五二頁。
（4）森口多里「エジプトの建築」『世界建築全集五』平凡社、一九六〇年、一六頁。
（5）ウイラー、曽野寿彦訳『インダス文明』みすず書房、一九六六年、五〇～五一頁・六六～六七頁。
（6）中国科学院考古研究所編『新中国の考古収穫』美術出版社、一九六三年、二八頁。
（7）河南省及洛陽市博物館「洛陽隋唐含嘉倉的発掘」『文物』一九七二年三月、四九～六二頁。
（8）八幡一郎「日本古代の稲倉」『東京教育大学文学部紀要』五六号一九六六年。
（9）石野博信「弥生・古墳時代の高倉管理形態とその変遷」『橿原考古学研究所論集創立三十五周年記念』、吉川弘文館、一九七六年。
（10）後藤守一『伊豆山木遺跡』築地書館、一九六三年。
（11）遺跡から穀物が発見された。住居より平面が小さい、型が異なる、窓がない等多くの規準が発表されている。
（12）八木　充『律令国家成立過程の研究』塙書房、一九六八年、二〇四頁。
（13）石野前掲書。
（14）佐原　真「農業の開始と階級社会の形成」『岩波講座日本歴史一』一九七五年、一三三～一三四頁。
（15）喜田貞吉「院の名義、特に正倉院の名称について」『歴史地理』二九の六号、一九一七年。
（16）沢田吾一『奈良朝時代民政経済の数的研究』冨山房、一九二七年。
（17）村尾次郎『律令財政史の研究』吉川弘文館、一九六一年。
（18）福山敏男「地方の官衙」『日本の考古学歴史時代下』河出書房新社、一九六七年。
（19）吉田　晶「日本古代郡衙遺跡の再検討」『日本史研究』一六一号、一九七六年一月。
（20）足立　康「校倉について」『建築史』一の六号、一九三九年一一月。村田治郎「正倉院の建築」『正倉院文化』一九四八年、「甲倉という名称の解釈」『史跡と美術』二二三号、一九五一年一月。

(21) 福山敏男「東大寺の諸倉と正倉院宝庫」『美術研究』一六六号、一九五二年八月。(『日本建築史研究』墨水書房、一九六八年)。
(22) 石田茂作『校倉の研究』便利堂、一九五一年。
(23) 村田治郎「東洋建築系統史論」『建築雑誌』五四四〜五四六号、一九三一年。
(24) 伊東忠太「天平時代の建築」『天平の文化』一九二八年。『日本建築の研究下』龍吟社、一九三六年。
(25) 福山敏男『神宮の建築に関する史的調査』造神宮使庁、一九四〇年。『伊勢神宮の建築と歴史』一九七六年、日本資料刊行会。
(26) 例えば林野全孝「神社建築が原住居より発生したという説に対する疑ひ」『日本建築学会研究報告』一九五一年五月。
(27) 渡辺保忠「伊勢と出雲」、『日本の美術三』平凡社、一九六四年。
(28) 奈良時代、「手向山八幡神社宝庫」、「東大寺法華堂経庫」、「唐招提寺宝蔵および経蔵」、「法隆寺綱封蔵」、「東大寺本坊経庫」、「東大寺勧進所経庫」。平安時代、「教王護国寺宝蔵」について修理工事報告書がある。
(29) 浅野　清「唐招提寺経蔵」『考古学雑誌』三八の一号、一九五二年。「正倉院校倉の屋根内部構造の原形」『宮内庁書陵部紀要』、七号一九五六年。(「奈良時代建築の研究」、中央公論美術出版、一九六九年)、山本克巳「法隆寺綱封蔵の研究」、『史跡と美術』三八六〜三八七号。
(30) 西岡虎之助「荘園における倉庫の経営と港湾の発達との関係」『荘園史の研究』岩波書店、一九五三年。
奥野高広「室町時代における土倉の研究」『史学雑誌』四四の八号、一九三三年一月。
豊田　武『日本商人史　中世篇』東京堂、一九四九年。
原田伴彦『日本における都市の研究』大日本雄弁会講談社、一九四二年。
本庄栄治郎『日本経済史辞典』日本評論社、一九五四年。
小林平左衛門『郷倉制度の変遷』農林省米穀局、一九三四年。
(31) 小野則秋『日本文庫史研究上巻』大雅堂、一九四四年。
(32) 涼風　生「中古の倉」『風俗研究』四九号、一九二四年。
(33) 川上邦基『日本壁の研究』龍吟社、一九四三年。
(34) 太田博太郎「日本防火史」『建築学大系二一巻』彰国社、一九五六年。

(35) 太田静六「文庫と防火対策」『日本建築学会論文報告集』六三号、一九五九年十月。
(36) 山田幸一『日本壁の歴史的研究』私家版、一九六一年。
(37) 伊藤ていじ『日本の倉』淡交社、一九七三年。
(38) 松本　清『日本倉庫史』大日本出版峯文社、一九三七年。

第一章　律令国家における正倉建築の機能

第一節　正倉建築の研究意義とこれまでの研究

一　正倉建築の研究意義

正倉とは古代律令制下における官倉の総称であり[1]、中央の諸省、地方の国衙、郡家、あるいは官社寺等における正式の倉庫をすべて正倉と書くが、訓読する場合には、前代からの習慣にしたがって「オオクラ」[2]と呼んだ。

令制前の倉庫制度に関しては『古語拾遺』[3]の「三蔵説」[4]がある。これには多くの批判[5]があるが、履中朝及び雄略朝を含めた五～六世紀前半において、大陸系のより進歩した倉庫制度が朝鮮半島を経て、発展途上の日本にもたらせられ、内蔵・大蔵制が成立したこと、それには渡来人の貢献が大であった事実を伝えるものであろう。またその存在すら危ぶまれている斎蔵[6]に関しては、制度面よりもむしろ建築の機能とか形態としてとらえる観点が可能ではなかろうか。形態的には弥生時代の伝統を継ぐ古い倉庫形式が、初期の大和朝廷における倉庫の主流であったが、新しい制度と共に渡来した人々の手によって、より進歩した倉庫形式がもたらされるに及んで、朝廷における主流の座を失い、特殊化したもの[7]と考えたい。そして新しく朝鮮から伝わった倉庫形式（恐らくあぜ倉形式と考えられる）[8]がオオクラの主体となり、皇室および大和朝廷の勢力の進展にともない、技術的向上をとげながら中央の倉庫から屯倉《みやけ》の倉庫として地方にも広がり、やがて律令国家の成立に際しては、正倉として全国の国郡に普及するに至った。

かくして当時における正倉は、単に倉庫建築の中心であるばかりでなく、中央地方を問わず、その普遍性と圧倒的な量で、律令国家の財政的基盤を形成していた。いいかえれば、その整備された機構と施設は、当時における最も基本的な社会的資本であったともいえよう。

大陸建築の導入によって華麗な建築文化を展開した奈良時代の中央の建築技術が、地方に波及する契機には、国分寺、国営政庁の建設などの従来よく知られたものの他に、より広範に基本的な社会資本として建設された正倉建築の建設を通じて、秘かにその底流が形成されたことがうかがわれる。仏教伽藍のような高次な表現形式の建築技術は、地方農民とは直接関わりのない質のものであり、それにひきかえて倉庫建築は彼等が直接その所有者ではなかったにせよ、最も密接な関係を持った建築の主題であり、その連関から地方建築文化の技術的質の向上に、より多くの基盤をなしたことは疑いない。

本章はこの意義において、正倉の主体とみられる租税を収納する稲穀用の正倉(9)について、機能と構造の面から建築的実態の把握解明を目的とし、律令国家財政に関する基本的文献である正税帳(10)を主体とし、他の古代史料(11)を援用して分析を行う。

二　これまでの研究と業績

正倉に関する史学の分野からの研究は、すでに喜田貞吉等(12)によっておこなわれていたが、正税帳についての本格的な研究は沢田吾一によって開始された。著書『奈良朝時代民政経済の数的研究』(13)において、数的分析に非凡の技をみせ、税帳断簡の復原、振入の解明、特に穀倉の研究において塞の解釈や斛法を立証したことは大きな業績となった。近年正税帳に関する研究者も増加し、断簡の復原に正倉の数が問題となり(14)、倉下などの語義の解釈もさまざま行われている(15)。とりわけ村尾次郎による『律令財政史の研究』(1)は、正倉の構造・規格にまで言及した、古代倉庫制度に関する総合的な研究として画期的なものといえる。

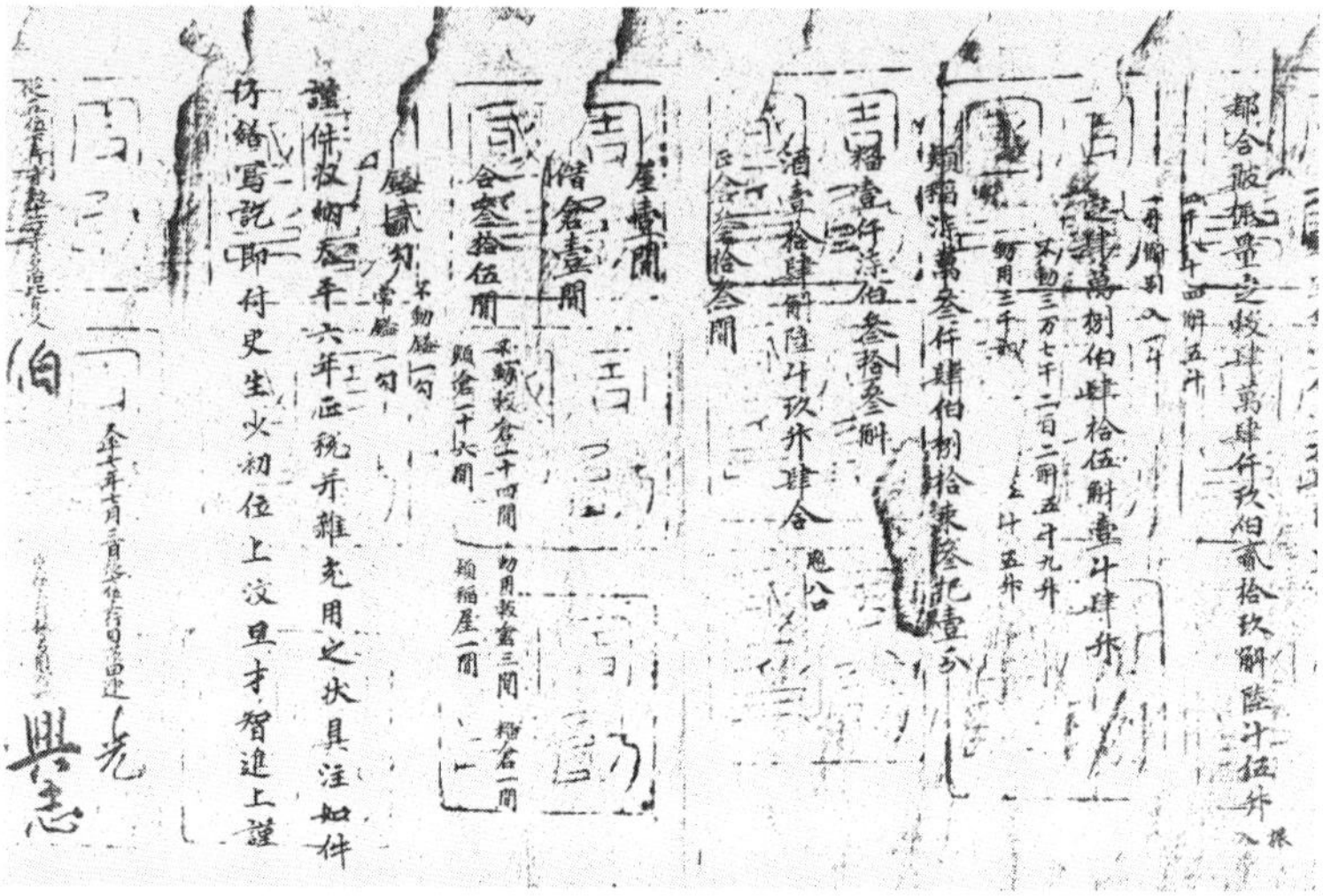

図5　周防国正税帳　正倉院文書　天平7年（『大日本古文書1』1901より）
律令国家の財政の基本的計帳

正倉に関する建築史および美術史の分野からの研究は、主として校倉の名称について言及したものと、正倉院宝庫に関するものが多い。前者では足立康・村田治郎によって、甲倉の解釈に進展がみられ[16]、後者では特に双倉の問題に焦点がしぼられ論争が行われた。福山敏男による『東大寺の諸倉と正倉院宝庫』[17]は、以上の論議を総括すると共に、今迄論及されなかった正倉建築の構造についても示唆に富むものである。近年刊行された渡辺保忠の『伊勢と出雲』[7]は、古代における倉庫建築発達の全体像を適格に示すものとして価値が高いものである。また石田茂作により、全国的な校倉調査をふまえた様式編年が完成したこと[18]は大きな成果であった。なお最近古代の校倉等の倉庫遺構について解体修理が行われ、その報告書[19]、ならびに研究[20]が刊行されていることは慶賀すべきことである。

正倉に関する考古学の分野からの研究では、官・国郡衙遺跡等が発掘され、正倉址とみられるものが発見されている[21]。また古代倉庫を高床の観点から今迄の研究成果を総合したものとして、八幡一郎の研究[22]があり、さらに校倉などを含めた古代技術全般について総括した、小林行雄の研究(23)も見逃すことができない。

注

(1) 村尾次郎『律令財政史の研究』吉川弘文館、一九六一年、一三一頁。
(2) 同右。
(3) 九世紀初頭、斎部広成の著作。
(4) 内容を要約すれば、斎蔵と斎部氏、内蔵と百済人、大蔵と秦・漢氏といった蔵司の氏族に関することと、斎蔵(神武朝)、内蔵(履中朝)、大蔵(雄略朝)の順に成立したという、三蔵成立の順序についてのべている。
(5) 津田左右吉「古語拾遺の研究」『日本上代史の研究』岩波書店、一九三〇年。
直木孝次郎『日本古代国家の構造』青木書店、一九五八年。
村尾前掲書一七六〜一八二頁。
(6) 黛 弘道「大和国家の財政」『日本経済史体系一古代』東京大学出版会、一九六五年。
注(5)の直木、黛氏の説によると、大蔵・内蔵については、それぞれを氏姓とするものがあり、大化以前における存在が認められるが、斎蔵氏は史料的に絶無であり、斎蔵の存在は極めて疑わしいとする。
(7) 渡辺保忠『伊勢と出雲』平凡社、一九六四年、一〇一頁。
(8) 本稿で校倉の文字を使わずにあぜ倉と書く場合は、丸木倉をも含める広義の見解にしたがっていることを示す。
拙稿「あぜ倉、せいろうなど積重式構法に関する用語規定」『日本建築学会東海支部研究報告』一一号、一九七三年四月。付章一参照。
(9) 正倉には当然他に宝物・調雑物もしくは兵器等を保蔵する倉庫があったであろう。
(10) 岸 俊男「籍帳備考二題」『京都大学文学部国史論集創立五〇周年記念』一九五九年。
(11) 「寧楽遺文」・「平安遺文」・「大日本古文書」・「大日本仏教全書」・「続群書類従」
(12) 喜田貞吉「院の名義、特に正倉院の名称について」『歴史地理』二九の六号、一九一七年。
竹島 寛『皇室史の研究』右文書院、一九三六年、一九五〜二〇五頁。

(13)沢田吾一『奈良朝時代民政経済の数的研究』冨山房、一九二七年。柏書房が復刊。
(14)早川庄八「正税帳覚書」『続日本紀研究』五の三号、一〇五八頁。
末松信也「越前国正税帳の一考察」『熊本史学』二九号、一九六五年。

井上　薫『奈良朝仏教史の研究』吉川弘文館、一九六九年。

薗田香融「和泉監正税帳について、正税帳復原の可能性と限界」『史泉』、三五～三六号、一九六九年。「伊予国正税帳について」『古代文化』五号、一九五七年。
(15)薗田香融「倉下考」『史泉』六号、一九五七年。
村尾次郎前掲書一四四～一五一頁。

宮原武夫「倉下と出挙」『日本上古史研究』五の七号、一九六一年七月。

直木孝次郎『奈良時代史の諸問題』塙書房、一九六八年。
(16)足立　康「校倉について」『建築史』一の六号、一九三九年十一月。
村田次郎「正倉院の建築」『正倉院文化』一九四八年、「甲倉という名称の解釈」『史跡と美術』二二三号、一九五一年一月。
(17)福山敏男「東大寺の諸倉と正倉院宝庫」『美術研究』一六六号、一九五二年八月（『日本建築史研究』、墨水書房、一九六八年）。
(18)石田茂作『校倉の研究』便利堂、一九五一年。
(19)奈良時代、手向山八幡神社宝庫、東大寺法華堂経庫、唐招提寺宝庫および経蔵、東大寺本坊経庫、東大寺勧進所経庫、法隆寺綱封蔵、平安時代、教王護国寺宝蔵について修理工事報告書がある。
(20)浅野　清「唐招提寺経蔵」『考古学雑誌』、三八の一号、一九五二年。「正倉院校倉の屋根内部構造の原形」『宮内庁書陵部紀要』、七号、一九五六年。（『奈良時代建築の研究』、中央公論美術出版、一九六九年）
山本克巳「法隆寺綱封蔵の研究」『史跡と美術』三八六～三八七号。
(21)斉藤　忠『日本古代遺跡の研究総説』吉川弘文館、一九六八年。
福山敏男「地方の官衙」「日本の考古学歴史時代下」河出書房新社、一九六七年。
(22)八幡一郎「日本古代の稲倉」『東京教育大学文学部紀要』五六号、一九六六年。
(23)小林行雄『続古代の技術』塙書房、一九六四年。

第二節　正倉建築に関する貯蔵物からの分析

一　穎

穎《えい》とは穂首刈りによって得た稲穂を束ねたものである。弥生時代における稲が、抜穂か石包丁等によって収穫された穂のままか、穂のすぐ下で結んだ状態で保蔵されたことは、大和唐古遺跡等の例(1)によって明らかである。やがて鉄製鎌の使用により、穂首以下の茎の部分が多少付いたものになった。古代における穎はかかる形状のものが想定されている。(2)

穎は束ねてあるために取扱い易く、大略の計量もでき、かつ木臼に入れて堅杵で挽くと、脱穀と籾すりが同時にできた。(3)また穎による貯蔵は品種の混同が避けられる長所もあった。かくして穎の形態で稲を貯蔵することは弥生時代以降古代においてもなお続いていたとみられる。(4)

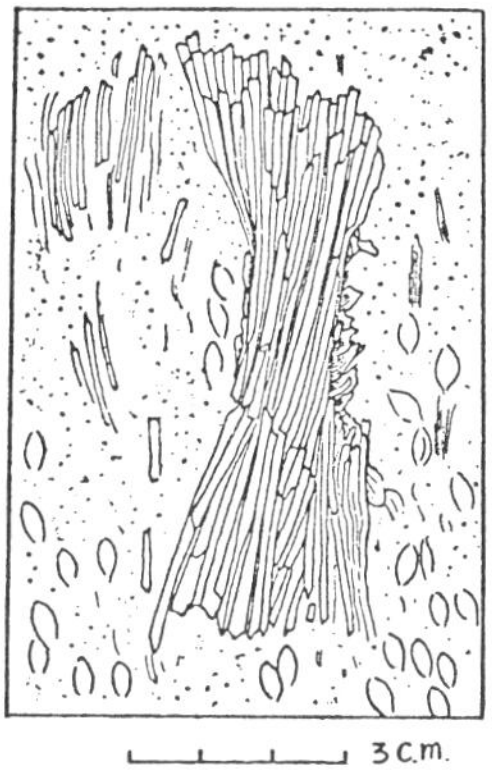

穂刈りの稲を束ねたもの
奈良県磯城郡川東村唐古遺跡

奈良県磯城郡川東村
唐古遺跡における稲束（1）
遺存体とその復元（2）

図6　穎の遺物と復原　唐古遺跡（直良信夫『日本古代農業発達史』1956、P.170より）

大和朝廷によって各地に開墾設定された屯倉《みやけ》において、四世紀後半以降渡来人の技術が大きく貢献したとみられる。屯倉とは本来皇室の稲を収納した倉庫等の建造物とされており、設置された頴稲の倉庫には大陸系の技術が採用されたと推定される。一方地方豪族が朝廷への貢進によって生まれた屯倉でも、漸次新しい倉庫形式に変えられていったとみられる。

六世紀前半頃、中央において内蔵・大蔵制が成立し、屯倉の多くは中央から派遣する官人によって、より強力な支配が推進された。[5] 屯倉においては頴の収蔵が行われ、また屯倉の性質に応じてその収穫物は中央に送られるようにもなった。また対外関係の緊迫化によって設置が要請された那津官家[6]や、高安城[7]、大野城[8]等において、税稲が非常用に備蓄されたことは注目される。

このような頴稲収蔵量の増大や、非常用備蓄の実施などにより、おのずと頴よりも容量が小さく、かつ貯蔵性もよい[9]といわれる穀による貯蔵法が検討されていたことは当然予想される。ただ当時はまだ俵が普及せず[10]、穀の貯蔵はバラ積みによったので、後述するように頴倉とは違った建築的問題の解決が必要であった。このような事情でおそらく六～七世紀を通じて、新しい穀倉形式の開発が要請されたに違いない。

やがて律令の制定が行われ、大宝元年（七〇一）以降租の蓄積が本格化し[11]、さらに和銅元年（七〇八）不動倉令[12]が出されたときには、すでに穀倉は実用段階に達していたものとみられる。その後数年を経ずして二、〇〇〇、三、〇〇〇、四、〇〇〇斛の規格のものを造れとする奏[13]の存在はこの事実を裏付ける。かくして租は穀の形状での貯蔵が原則となり、穀倉が正倉の中心的施設となった。

二　頴倉

表1　頴倉(屋)の収蔵量による頴稲体積

年代	所在	倉名	束数	倉体積(立方尺)	体積／束数(立方尺)
736	伊　予	西2板倉	3812	3804	1.00
		南2板倉	3050	2749	0.90
		南3甲倉	3231	2565	0.79
		西1板倉	5959	5652	0.95
		北1板倉	5086	4763	0.94
737	和泉　和泉	西2板倉	2750*	2907	1.05
		西1屋	6482	8398	1.30
		西2屋	1259	7820	6.21
		南院北屋	8298	7484	0.90
	和泉穴師神税	東1丸木倉	1228	1679	1.37
		東3板倉	1272	1747	1.37
		西屋	1427	2502	1.76
	和泉　日根	南2丸木倉	764	1134	1.48
		南3丸木倉	2304	2736	1.19
		西1丸木倉	276	875	3.17
		西2甲倉	1738	3168	1.82
		北2丸木倉	2201	2673	1.21
		北3板倉	1706	2978	1.75
		東院北2丸木倉	822	1040	1.27
		東1屋	5439	3366	0.62
757	越前坂井桑原	西1板倉	2000	3456	1.73
910	越　中	北外後2板倉	7000	4622	0.66
		東7屋	11000	9200	0.84

＊数字欠のため中位数を仮定

正税帳にみられる頴稲の収蔵施設は、必ずしも倉に限らず、屋または倉下にも収蔵の例がかなりみられる。この点が穀倉とは異なる。まず頴倉における空間利用の状況を知るために、実態がまだ明確でない頴について一束当たりの体積を求める。

A　頴倉・頴屋の収蔵状態による頴体積の計算

伊予国・和泉監正税帳、越前国使解(14)、および越中国官倉納穀交替帳(15)によって、寸法記載のある倉屋で収納頴稲数の明らかなものを二三件選定し作成したのが表1である。一束当たりの体積には大分差があり、恐らくその値の大きい例は収容力に余裕のある場合とみられるが、満未満の記載がないのでその実状はわからない。よって一束当たりの体積の小さい方を基準とし、誤差を考慮して小さい方から八例をとり、その平均値〇・八三立方尺を得た。

表2　底敷頴稲による頴稲体積

年代	所在	倉名	底頴束数	5寸高の体積	体積／束数（立方尺）
737	和泉大鳥	東1板倉	130	124	0.96
	和泉和泉	西1板倉	218	241	1.11
		南1板倉	283	244	0.86
		南3板倉	212	189	0.89
	和泉日根	南1甲倉	143	93	0.65
		北4板倉	125	133	1.07
		北5甲倉	120	130	1.08
910	越中川上	西1板倉	410	355	0.87
		西2板倉	670	250	0.37
		北2板倉	705	432	0.61
	越中　某	西5板倉	615	570	0.93
	越中意斐	東後外3板倉	930	650	0.70
		東1板倉	200	148	0.74
		東3板倉	730	581	0.80
		東4板倉	616	537	0.87
		南2板倉	541	374	0.69
		西2板倉	500	379	0.76
		北2板倉前板倉	284	280	0.99
		西6板倉	360	376	1.04
		北外後1板倉	380	268	0.71

B　穀倉の底敷頴稲[16]による頴体積の計算

和泉監正税帳と越中国交替帳とによって作成したものが表2である。ただし和泉監に関しては底頴厚の注記はないが、仮に越中国交替帳の場合と同じ値である延喜交替式算計法の規定[17]によって五寸とした。よって頴体積の平均値を求めると、和泉では〇・九四立方尺、越中では〇・八一立方尺[18]となった。

以上A、Bの結果を総合すれば、頴一束当たりの体積は約〇・八～一立方尺程度であることが判明した[19]。この数値は後にのべる頴倉と穀倉との体積当たりの収容効率の比較に必要となる。

C　頴倉の建築構造

・伊予国正税帳、不動倉以外の頴倉についての記載があり、八例中七例が板倉で、甲倉が一例ある。

・和泉監正税帳、頴稲用として板倉三、丸木倉

六、甲倉二、屋五、が穎用である。

・越中国交替帳、板倉一、借倉五、[20] 屋九、借屋七、が穎用である。

以上から判断すると、穎稲用には丸木倉、屋、借屋などが多く使用されている。穀倉として使用される板倉、甲倉が穎倉に使われることもあるが、一般的ではない。

三　穀倉

穀倉では穀はバラ積みされて貯蔵され、穀倉自体が穀びつになっており、穀量は倉の内法面積に積高（委高）を乗ずれば算出できることは、沢田吾一によって解明されている。[21] また穀倉では穀の出納の便と、貯蔵中の穀の保全のため、塞《さい》をはじめ底敷穎稲などの種々の設備や配慮がみられた。塞とは戸口の内側に設けられた、小面積の板囲いの空間であり、穀を積むに従い板を積み上げる構造になっていたと推定され、[21] また塞にはめる板幅を規定し、積高を容易に測算できるようにしてあったろうともいわれている。[22]

図7　穀びつ　塞はこれに類似する方式とみられる。長野県上田地方。

A　塞の大きさと穀倉の大きさとの関係

穀倉で塞の寸法の記載があるものは、和泉監正税帳に一一例、越中国交替帳に二〇例ある。この三一例を表3に示した。ただし長さ

表3-1　和泉監正税帳の正倉（穀倉）

国名 年代	郡・ 村名	用途	倉名	本体			塞			塞／ 本体	塞引 面積	高		本体		実質 容積	穀体積	穀振 定量	満・ 未満	底敷 頴稲	斛法 穀体積 ／穀量
				長	広	面積	長	広	面積			本体	委高	長／広	高／広						
和泉 737	大鳥	不動	東第一板倉	169	159	268	51	40	20	0.076	248	105	103	1.06	0.66	2359	2433	810		あり	3004
		動用	東第二板倉	174	145	252	52	42	22	0.087	230	105	97	1.20	0.72	2189	2236	728		なし	3071
		動用	東第三板倉	190	150	285	57	33	19	0.066	266	119	104	1.27	0.79	2906	2768	974		なし	2842
	和泉	動用	南院北第一法倉	720	210	1512	70	52	36	0.024	1476	145	89	3.43	0.69	19920	13133	4422		なし	2969
		不動	西第一板倉	264	194	512	67	45	30	0.059	482	129	105	1.36	0.66	5736	4820	1670		あり	2886
		不動	南第一板倉	270	195	527	68	56	38	0.072	488	135	118	1.38	0.69	6105	5519	2000		あり	2759
		不動	南第三板倉	228	177	403	64	41	26	0.065	377	122	108	1.29	0.69	4226	3886	1450		あり	2680
	日根	不動	南第一甲倉	164	122	200	39	34	13	0.066	187	101	95	1.34	0.83	1695	1682	550		あり	3059
		不動	北第四板倉	182	161	293	66	40	26	0.090	266	94	90	1.13	0.58	2240	2266	816		あり	2777
		不動	北第五甲倉	180	153	275	41	40	16	0.060	259	120	110	1.18	0.78	2849	2719	980		あり	2775
		動用	北第六法倉	600	200	1200	74	24	18	0.015	1182	136	70	3.00	0.68	14896	8280	2861		なし	2892

注　和泉監正税帳は寧楽遺文による。倉の本体、塞の寸法は寸で記入し、分以下は四捨五入した。量は斛を単位とし、斗以下は切り捨てた。面積は平方尺、容積は立方尺で表示した。

実質容積は塞引面積に、倉本体の高さから底敷頴稲分の高さ及び若干の余裕分を含め計1尺を差し引いたものを乗じたものである。

穀体積は塞引面積に積高を乗じたもので、底頴のある場合は積高から底頴分として5寸差し引いたものである。

穀振定量は穀の実量から11分の1を減じた（振入を行なった）量のことで、穀が倉内で加圧密積した場合に生ずべき沈下率を考慮した穀量とみられる。

斛法とは1斛の容積のことで、穀体積を穀振定量で割った値である。

表3-2　越中国交替帳の正倉（穀倉）

国名年代	郡・村名	用途	倉名	本体			塞			塞／本体	塞引面積	高		本体		実質容積	穀体積	穀振定量	満・未満	底敷頴稲	斛法殻体積／穀量
				長	広	面積	長	広	面積			本体	委高	長／広	高／広						
越中 910	川上	不動	西第一板倉	283	261	738	59	48	29	0.039	710	141	131	1.08	0.54	9295	8941	3280	満	あり	2726
		不動	西第二板倉	291	185	538	74	52	38	0.071	499	154	131	1.58	0.83	7179	6490	3684	未満	あり	1761
		不動	西第三板倉	282	260	733	64	40	26	0.035	707	146	149	1.09	0.56	9634	10560	3900	満	なし	2708
		不動	北第二板倉	305	295	897	66	49	32	0.035	865	155	154	1.03	0.53	12533	12879	4750		あり	2711
	某	不動	西第五板倉	502	236	1185	59	46	27	0.023	1157		1□□	2.12				6260		あり	-
	意斐	不動	東後外第三板倉	485	278	1348	85	57	48	0.035	1300	160	151	1.74	0.58	19529	18997	6599	満	あり	2878
		不動	東第一板倉	193	163	316	62	31	19	0.060	297	108	104*	1.18	0.66	2903	2935	1114	満	あり	2635
		不動	東第二板倉	198	179**	355	60	35	21	0.059	335	98	92	1.10	0.55	2936	3071	1154	満	なし	2661
		不動	東第三板倉	408	290	1182	60	35	21	0.017	1162	166	165	1.41	0.57	18109	18588	6940	満	あり	2678
		不動	東第四板倉	402	277	1113	77	45	35	0.034	1073	151	156	1.45	0.55	15205	16185	6010	満	あり	2693
		不動	南第一板倉	281	261	733	75	48	36	0.054	694	131	128	1.08	0.50	8442	8927	3293	満	なし	2711
		不動	南第二板倉	319	277	884	74	25	19	0.024	865	199	195	1.15	0.72	16379	16448	6023	満	あり	2729
		不動	西第二板倉	302	259	783	74	30	22	0.035	759	164	165	1.14	0.64	11712	12141	4498	満	あり	2699
		不動	西第五板倉	398	260	1034	84	50	42	0.041	993	182	-	1.53	0.70	17061	-	4462	満	なし	-
		不動	北第二板倉	281	260	731	67	35	24	0.031	713	141	140	1.08	0.54	9258	9900	3666	満	なし	2701
		不動	北第二板倉前第二板倉	244	243	593	67	49	33	0.055	561	160	146	1.00	0.66	8397	7903	2950	満	あり	2679
		不動	北外第二板倉	165	138	227	44	22	10	0.041	219	108	109	1.20	0.78	2129	2368	879	満	なし	2695
		不動	西第三板倉	277	259	717	73	45	33	0.046	684	144	134	1.07	0.56	9131	9185	3578	満	なし	2567
		不動	西第六板倉	294	264	777	75	34	25	0.032	752	156	152	1.11	0.59	10982	11043	4080	満	あり	2706
		不動	北外後第一板倉	312	185	578	86	48	41	0.071	536	100	107	1.69	0.54	4827	5470	1814	未満	あり	3015

注　越中国交替帳は平安遺文による。原則として交替定数を用いた。倉の本体、塞の寸法は寸で記入し、分以下は四捨五入した。量は斛を単位とし、斗以下は切り捨てた。面積は平方尺、容積は立方尺で表示した。なお実質容積、穀体積、穀振定量、斛法は表3-1と同じ。

*　1丈7尺を1丈7寸とした。

**1丈8寸2分欠1寸を、1丈8尺2分欠1寸とした。

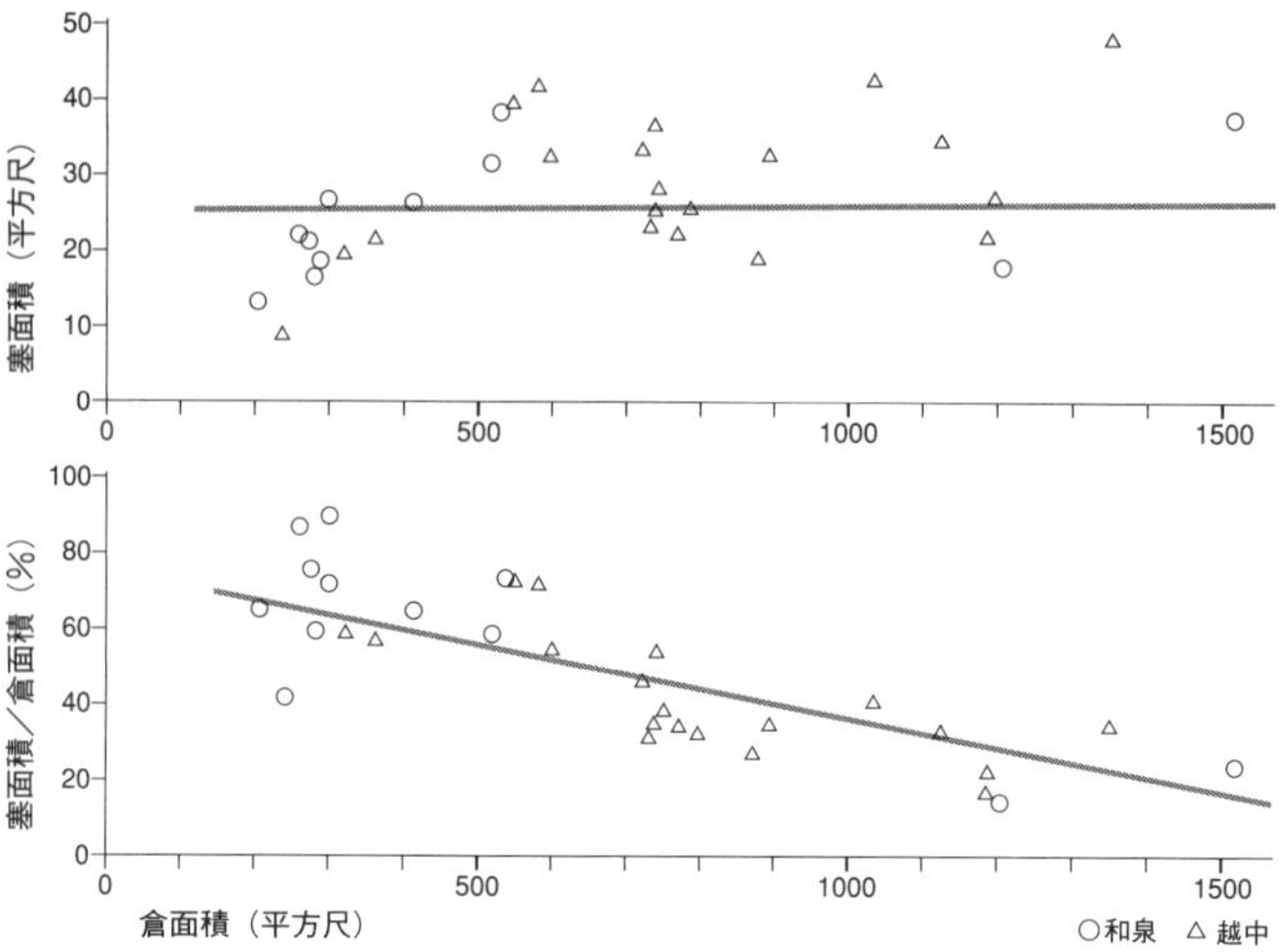

図8　穀倉の面積と塞面積との関係

は桁行、広さは梁行寸法を意味する。[23] なお詳細については表3の注記を参照のこと。

この例に基づき倉面積と塞面積、塞面積と倉面積との比の関係を図8に示した。これによると、

塞の大きさは穀倉の規模にあまり関係なく一定の面積平均二七平方尺前後のものが多い。

穀倉の面積が大きくなると、倉面積に対する塞の面積比は減少する。

以上から塞の面積を決定するものは、倉の大きさではなく、恐らく穀の出納作業が可能である面積[24]によってきまったと推定される。

なお注目されることは、桁行の長い倉[25]においても塞が一ヶ所とみられることである。このことから穀倉では内部が間仕切などで分割されていなかったとみられる。

B　底数頴稲に関する問題

穀倉の高さと穀の積高とを比較すると、和泉監の場合には一一例がすべて倉高が高く、二例以外は五寸以上の差がある。一方越中国では倉高・積高共に判明するもの一八例

のうち一一例が五寸以下の差であり、そのなかの四例は倉高より積高の方が高いという不自然な例である。
沢田氏が越中国交替帳の斛《こく》法計算[26]において除外した二例以外の一七例についてみると、一斛当たり二、七五二立方寸以下の数値を算出した穀倉は、すべて底敷頴稲の記載を欠くものであった。この点を確認するために平均値を求めたところ、底頴ありの一一例では二、八四二、底頴なしの六例では、二、六七六となり、本来差はない筈のものが両者の間に六%の差があることがわかった。それで底頴ありのものについて、積高からの底頴分の五寸を減じ計算したところ二、七四〇となり差は二%となった。恐らく積高は底頴分の高さ五寸を含んだものとみることが、前述した倉高との関係からみても妥当であろう[27]。

穀倉に底敷頴稲を使用した理由

和泉監の例では不動穀倉にはすべて底敷頴稲があるのに、動用穀倉にはなかったのは、前者が長期間の貯蔵を意図したためと考えられる。天平期の不動穀倉でも必ずしも底敷頴稲を使わなかった例がみられる。長門国正税帳によると合五郡で一、九四二束、不動倉数の四一で割れば一倉当たり四七・四束となる。この数は和泉監の平均一七六束と比べて著しく小さい。次章で詳説するが不動倉の収容量では両者に大差がないので、長門国では底敷頴稲を用いない不動穀倉があったものとみられる[28]。また越中国交替帳によると約四割は底敷頴稲を用いていない。その内容を分析すると、底敷頴稲のあるものは規模が大きく、一一例で平均四、三一一斛なのに、ないものは八例で二、六一六斛である。以上から判断すると、底敷頴稲を使用するのは、不動穀倉、中でも規模の大きい場合に穀より空隙の多い頴稲によって、底部における密積を防ぐためと考えられよう。

C　穹隆高

穹隆高[29]とは恐らく塞上端と側桁との高さの差[30]を指したもので、勾配のついた天井（屋根裏）が棟から側桁に向かって下っている状態から、このように呼んだものであろう。穀が蒸れないためと、作業上の必要とから設けられたと推定される。

D 穀倉と頴倉の収容力の比較

前述したように頴一束当たりの体積は約〇・八から一立方尺であった。それに対し同量の穀、すなわち十分の一斛の体積はたとえば〇・二八立方尺であり[31]、穀は頴に対して二八〜三五%の小さい体積であった。

穀倉の実質的収容力は、塞や底敷頴等による減少分を考慮する必要がある。まず塞として大きさに関係なく一定面積を控除し、また底敷頴は五寸とし、それに倉高と積高との間に若干の余裕を含めて、倉高から五寸ないし一尺を差し引くことによって、実質的収容力を算出することにする。

このように実質的収容力は穀倉の規模および形態により異なるので、大小二例について算出を試みる。たとえば実質収容力一、〇〇〇斛の穀倉として、長さ一八尺、広さ一四・三尺、高さ一一尺のものを想定すれば、(一八×一四・三)、二五七平方尺。それから塞面積二七平方尺を引き、二三〇平方尺。それに高さ一一尺をかけて二、五三〇立方尺となる。

頴倉としての容積は三、〇八九立方尺、よって頴一束を〇・九立方尺とすれば、三、四三二束、すなわち三四三斛となり、故に穀は頴の二・九倍の収容力をもつ。同様にして五、〇〇〇斛の穀倉として、長さ三五尺・広さ二八尺六寸・高さ一五尺を想定し、容積は一、五〇一五立方尺で、一六、七〇〇束、すなわち一、六七〇斛となり、故に三倍の収容力を持つ。以上から穀倉は頴倉の場合よりも稲穀に関して約三倍程度の収容力があることが判明した。

E 頴倉と穀倉の収蔵量の比較

正税帳記載国別保管稲穀量により一倉当たり平均収蔵量を求め、表4にしめした。倉当たり平均収蔵量を、国

表4　正税帳記載国（郡）別保蔵稲穀量による一倉当り平均収容量

道	国	郡	年度 天平	頴稲（束）			全穀（斛）			不動穀			動用穀		
					倉	一倉当り		倉	一倉当り		倉	一倉当り		倉	一倉当り
畿内	大倭	全郡	2	—	—	—	85264	34	2500	—	—	—	—	—	—
	摂津	某	8	564	2	282	5705	6	951	2824	3	941	2881	3	960
	和泉	全郡	9	56585	19	2980	38750	26	1490	29503	21	1400	9247	5	1849
東海道	尾張	全郡	2	—	—	—	213324	90	2370	169494	64	2640	43830	26	1690
	駿河	全郡	10	603493	76	7940	332696	136	2450	285897	115	2480	36799	21	1750
	伊豆	全郡	11	160392	37	4330	71123	32	2220	67929	26	2610	3194	6	532
北陸道	越前	全郡	2	716193	120	5960	227139	139	1635	89713	41	2200	137426	98	1420
山陽道	長門	全郡	9	99851	69	1450	107456	99	1085	55585	41	1350	51870	58	910
	周防	全郡	10	223775	57	3900	160492	88	1825	127764	54	2360	32728	34	965
山陰道	隠岐	全郡	4	10312	6	1720	23809	19	1255	19634	15	1310	4175	4	1019
南海道	紀伊	全郡	2	69428	24	2890	49383	40	1235	25021	19	1318	24361	21	1158
西海道	豊後	球珠	9	70569	7	10081	15725	10	1573	11652	5	2330	4073	5	814

注　空倉は除外した。

全体について判明するものについて大小順に並べ次に示す。

頴倉　駿河　七、九四〇束
越前　五、九六〇
伊豆　四、三三〇
周防　三、九〇〇
和泉　二、九八〇
紀伊　二、八九〇

穀倉　大倭　二、五〇〇斛
駿河　二、四五〇
尾張　二、三七〇
伊豆　二、二二〇
周防　一、八二五
越前　一、六三五

隠岐	一、七二〇	和泉	一、四九〇
長門	一、四五〇	隠岐	一、二五五
越前[32]	一、一四〇	紀伊	一、二三五
		長門	一、〇八五

両者の収蔵量を比較すると、穀倉では一、〇〇〇斛から二、五〇〇斛までの範囲にあって、ほぼ分布がまとまっているのに対し、頴倉では分布のばらつきが極めて大きい。この原因としては、本資料が必ずしも収蔵能力（倉の容量）を示すものではないが、頴倉の規模にばらつきがあったためかも知れない。また穀倉と頴倉との穀に換算した稲穀収蔵量を比較すると、最大値では穀倉は頴倉の約三倍量を収蔵している。なお越前では正倉としての頴倉と郡稲用の頴倉とでは大きな差があることが注目される。

F　穀倉の壁体に求められる力学的条件

穀倉の壁体に作用する圧力は、バラ積みの穀が粉体圧として常時作用することと、穀は頴に比して約二倍強[33]の比重を有することとによって、頴倉の場合よりもかなり大きくなり、穀倉は堅固につくる必要があった。粉体圧の分布は浅槽と深槽[34]とは異なるが、当時の穀倉の寸法について分析すると浅槽の場合に限られていた。穀倉の力学的解明には、壁材の曲げモーメント、およびたわみについての検討が重要であり、それぞれ辺長の二乗および四乗に比例して大きくなる。したがって規模の大きい穀倉では当然壁体構成材の断面寸法が大となり、また平面形では正方形に近い方が有利であり、長辺と短辺方向と差が大きいほど不利になる。

四　頴倉と穀倉との建築に要求される条件

正倉の主要な貯蔵物である頴と穀とによって、倉庫に求められた条件は、

① 頴倉、弥生時代から存在し、古代でも丸木倉等の他、屋等多様なものが使用されている。倉庫としての条件は穀倉と比べると技術的な困難はなかったとみられる。

② 穀倉、穀を大量に蓄積するという新しい課題に対して開発されたものだけに、当時の技術の枠をつくして研究されたと考えられる。主な条件として次のようなものがあったろうと推定される。

イ　バラ積み穀を貯蔵するので、倉の壁体には隙間がなく、塞等の設備を要し、また正確に計算するため、内壁面は平滑でゆがみのないことが必要であった。

ロ　密積しても蒸れぬ様な状態で貯蔵できること。底敷頴稲はこのための工夫とみられる。

ハ　頴より比重の大きい穀の圧力に耐える建築構造であること。かつ規模の大きい倉庫がつくられること。

第三節　正倉建築における管理形態からの分析

一　不動倉と動倉との関係

正税には頴と穀との場合があり、穀はまたその管理形態の違いから不動穀と動用穀とに分かれていた。不動穀は「遠年の儲、非常の備」(35)で、収納した穀は固く封じ、平常の開用は許さないものであった。動用穀は老人や貧

民などの支給か飢饉の折の救済に限られたが、多少は消費に当てられた。

　天平期における不動穀と動用穀との割合について「七道諸国の不動穀は原則として高率[36]」であり、また穎稲を含めた正税全体からみても「薩摩、淡路など地理的に特異な国を除いて穀が圧倒的な高率[37]」を示しており、要するに当時は穀、なかでも不動穀が正税の主体をなすものであった。

　正倉である穀倉において、不動倉と動倉の数に関して前節の表4について比較すると、一国全体について数がわかる九ヵ国のうち、和泉・尾張・駿河・伊豆・周防・隠岐の六ヵ国において不動倉数が優っている。

　次に不動倉と動倉との一倉当たり平均収蔵量について同様に表4によって比較し、国別収蔵量を大小順に並べれば次のようになる。

不動倉		動倉	
尾張	二、六四〇斛	和泉	一、八四九斛
伊豆	二、六一〇	駿河	一、七五〇
駿河	二、四八〇	尾張	一、六九〇
周防	二、三六〇	越前	一、四二〇
越前	二、二〇〇	紀伊	一、一五八
和泉	一、四〇〇	隠岐	一、〇一九
長門	一、三五〇	周防	九六五
紀伊	一、三一八	長門	九一〇
隠岐	一、三一〇	伊豆	五三二

これによると、不動倉が動倉よりも一般に収蔵量が多い。例外は和泉監だけである。

この結果から見ると倉の規模にも差があったようにも考えられる。たとえ差がなかったとしても、少なくとも当時は不動倉の方が重要性があったといえよう。

以上を総合すれば、律令国家の正倉としては、天平期においては頴倉よりも穀倉の方が平均収蔵量でみる限りでは、規模が大きいようであり、また穀倉のなかでは不動倉が動用倉よりも数および、収蔵量も多いので、重視されたことが認められる。

二　不動倉の管理方式と利用状態

A　鎰（かぎ）の管理

正式の鎰のうち、動倉の鎰に関しては大宝令施行以後は、中央から派遣される税司の主鎰から国司の管理下に置かれるようになり、これによって国司は使用に際しては一応官の認可を必要とはしても、随時正倉を開閉する権限を持たされるようになった[38]。一方不動倉の鎰に関しては和銅元年（七〇八）の発足以来、原則として中央にあった[39]。中央では中務省の庫に納めて監物、典鎰の監理下に置かれ、その出給には不動穀開用を命じ、あるいは許可する太政官符の発下を必要とした[40]。なお天平宝字七年（七六三）の官符[41]によれば、修理と雨損の疑のある場合は臨時に開倉に応ずることになっていた。

当時の鎰は郡家ごとに不動倉用、動倉用（常鎰）各一勾ずつあり、それによって多数の倉を管理するもので、扉の内側に付いたくるるを回して開閉する形だったとみられる[42]。なお村尾によると「一倉一扉で二重戸になっており、外扉は観音開き、錠前付（鎰）、内部は引戸で鈎匙を用いる様式であったのであろう[43]」とされている。これは倉の構造に関係があるので少しく検討を要する。鎰の数については宮原武夫の説[42]のように、通常の倉には鎰は

表5　租穀年間蓄積量

年度	国郡	租穀量	1郡当平均	不動倉数
730	大倭山辺	449	—	1
	紀伊7郡	3374	482	19
	伊賀4郡	2529	632	—
	越前丹生	2016	—	9
	越前江沼	966	—	3
732	隠岐4郡	760	—	15
	隠岐智夫	186	—	3
	隠岐海部	286	—	5
	隠岐周吉	158	—	5
	隠岐役道	129	—	2
734	尾張中島	1599	—	—
738	駿河7郡	8291	1184	115
	周防6郡	3798	633	54

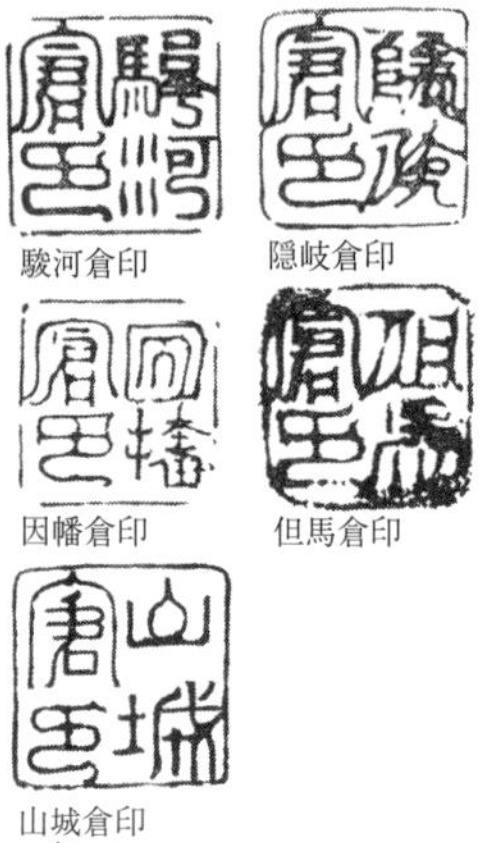

図9　正倉の印　正倉印と鎰は、一体的にとらえられていた。（岸俊男『日本古代籍帳の研究』1973　p.442〜444より）

一つだけ使用したという見解がある。また奈良時代の倉庫遺構では、すべて扉は内開き形式であり、引き戸を持つ二重戸形式を示すものはみられない。おそらく不動倉もかかる形式をもっていたとみられよう。

B　不動穀の蓄積方法

薗田香融の『倉下考』[44]によると、正税帳を分析した結果、不動穀は大体租の三〇倍の量を目標として蓄積されている。それで田租が主に不動穀になったと仮定し、一年間の租量を正税帳で調べると、表5のようになる。[45]これによると一郡で一、〇〇〇斛を越えるのは越前丹生、尾張中島、駿河各郡だけで、他にはそれに満たない量を毎年蓄積したとみられる。前にのべた不動倉の一倉当たり平均収蔵量とこの値とを比較すると、一応租量の多い国郡は一倉当たり収蔵量も多いようであり、その均衡は保たれているようであるが、それでも不動倉の収蔵量が、租量の二〜三倍というのが普通のようである。このことから推定すると一倉に二〜三年間にわたって新旧の穀を混じて蓄積した可能性が考えられ、穀の貯蔵には賢明な方法ではなかったとみられる。[46]

なお不動穀のなかには、おそらく屯倉から引き継がれた大税等を利用したものがあったとみられる[47]。すなわち天平年間すでに隠岐国(天平四年)、周防国(天平十年)、駿河国(天平十年)では目標の三〇倍を越えている。これは田租だけで蓄積したとすれば、和銅元年からでは短期間に過ぎその間に田租免除等も考えられ、達成が極めて困難とみられるからである。

C　不動穀の保存年限と更新の状態

穀は倉庫令倉貯積条によれば九年間の保存にたえるものであった。また三年たてば一〇分の一、五年たてば五分の一の消耗が認められていた。不動穀として三〇年間の租を蓄積する場合には、この規定は重要であった。しかしながら現実には村尾説[48]ように、単なる除耗操作さえも抑制させるような動きがあったようである。

次に倉庫令倉蔵貯積雑物条には「凡庫蔵貯積雑物応出給者。先尽遠年。」とあり、また天平一二年(七四〇)の大政官符で「其官用使用遠年不動穀[49]」とし、不動穀の更新をのべている。しかし大同三年(八〇八)の太政官符[49]によると、これは実行されなかったようである。また延喜主税式には、毎年不動穀を良穀にとりかえられるようにのべているが、これがどの程度守られたかは疑問といえよう。結局は検校の際に不足分を充填するというような例が多かったのではあるまいか、たとえば越中国交替帳によると意斐村東第一板倉のように、天平五年(七三三)から天平勝宝二年(七五〇)の一八年間にかけて蓄積された一六〇年以前の古穀が一一五四斛もあり、しかも延喜十年(九一〇)それに湿損分として一斛余りを填納したという記録さえ残っている[50]。これからみてもいかに不動倉制が形骸化していたかがわかる。

三　不動倉建築に要求される条件

不動倉は鎰の管理が厳重だったので、いったん収納してしまうと、穀の保全管理のため倉内に出入することとさえできなかった。特に新穀を入れた場合は、堆積することによって蒸れるおそれが多分にあり、このためには倉庫自体の構造が倉内の穀から発生する熱や湿気が容易に排出できるような、乾燥し易いものであることが必要であった。

当時の穀倉は一個の穀びつになっていた。穀倉の収容力が毎年の蓄積量を上まわる場合が普通であったため、恐らく新穀を旧穀の上に積むという、保存上好ましくない事態を招いたのではあるまいか。かくて現実には数ヶ年にわたって新旧穀を堆積していき、更新も充分行われず、貯蔵上の損失は極めて大きかったとみられる。一〇世紀になると不動倉の開用が続き、不動倉が潰滅に瀕したことがいわれている。[51]そこには政治的な背景のほかに、このような建築面、管理面からの問題が内在したものと察せられる。

注

（1）「大和唐古弥生式遺構の研究」『京都帝国大学文学部研究報告第一六冊』一九四三年、二四頁。
直良信夫『日本古代農業発達史』さえら書房、一九五六年、一六九頁。
（2）安藤広太郎『日本古代稲作史雑考』地球出版、一九五一年、七七〜七八頁。
（3）古島敏雄『日本農業技術史』時潮社、一九四七年、三三頁。（『古島敏雄著作集第六』、東京大学出版会、一九七五年。）
（4）八木　充『律令国家成立過程の研究』塙書房、一九六八年、二一一頁。
（5）たとえば白猪屯田では吉備五郡という拡大された規模を持ち、朝廷の財政面に関係深い蘇我氏によって管掌されていた。弥永貞三「大化以前の大土地所有」『日本経済史大系一』東京大学出版会、一九六五年、一一〇〜一一一頁、参照。

（6）日本書紀宣化元年五月条「聚建那津之口以備非常」。井上辰雄「ミヤケ制の政治史的意義序説」『歴史学研究』一六八号、一九五四年、二六頁、参照。

（7）続日本紀天智九年二月「又修高安城積穀与塩」参照、直木孝次郎「信貴山焼米出土地と高安城税倉」『続日本紀研究』六の六号、一九五九年六月。

（8）鏡山　猛「朝鮮式山城の倉庫群について」『九州大学文学部創立四〇周年記念論文集』一九六五年。参照。

（9）養老三年六月葵酉の制「穀之為㆑物、経㆑年腐、自今以後、税及雑稲必為㆑穀而収之」。

（10）奈良時代に俵がなかったわけではないが、主として糒等の容器とか運搬用の容器に限定されていたとみられる。おそらく俵が普及するのは、九～一〇世紀になって稲が根刈方式と、唐臼の普及によって頴の形態を経ることなく直接穀とされるようになり、今迄の頴束による計量と運搬に代わって、俵を使用することが便利になったためであろう。直木孝次郎「奈良時代の米俵と備」、「奈良時代雑考」『奈良時代史の諸問題』一九六八。歌川学「稲束の制について」『日本社会経済史研究古代・中世編』、吉川弘文館、一九六七年。参照。

（11）青木和夫「律令財政」『岩波講座日本歴史三』、岩波書店、一九六三年、一四三頁。

（12）「大税者、自今已後、別定㆓不動之倉㆒以為㆓国貯之物㆒」

（13）「続日本紀」、和銅七年四月太政官奏「諸国租倉大小并所積数比校文案無所錯失因期国司相替之日依帳承付不更勘験而用多欠少徒立虚帳本無実数良由国郡司等不検校之所致也自今以後諸国造倉率為三等大受四千斛中三千斛小二千斛一定之後勿虚文案」。

（14）「越前国使解」、中勘定桑原庄所雑物并治開田事、天平宝字元年十一月（東南院文書）『寧楽遺文中』六九六頁。

（15）「平安遺文」二〇四文書。本帳の名称および内容について次の考証がある。村尾次郎第一節注(1)一五四～一六五頁。福井俊彦「不与解由状について」『日本歴史』一六八号、一九六二年。米沢康「所謂越中国官舎納穀交替記について」『日本上古史研究』六の三号、一九六二年。

（16）穀倉の底には頴稲が一定の厚さに敷かれてあった。底頴ともいう。

（17）「但有底敷稲穀者除高五寸為委穀之積」。

（18）越中国川上村西二板倉は除いて計算した。

（19）この数値は、稲および稲束の大きさについて詳細な記載のある『会津農書』（一六八四年）に基づいて推定した頴稲の大きさに略一致する。すなわち同書では稲一束の籾は四升八合であり、律令時代の一束の沢田による推定値である四升よりも多いが、収量は増加したが束の大きさには略同じと仮定して計算する。同書から一束の大きさは締縄では二尺六寸回り、故に直径八寸三分。また穂長が七寸に藁を八寸と仮定し、長さが合計一尺五寸。よって一束の体積は〇・八一立方尺となる。この値は歌川前掲書による束の大きさと異なる。原因としては頴と稲束の区別が明確でないことによるとみられる。

(20) 借の意味については、借り、貸しの二つの場合が考えられる。紀伊国正税帳にある「借納地子一間」は正倉に地子を仮りにおさめたという意味で、正倉を貸したことになる。「延暦交替式」天平勝宝元年八月四日には、正倉に関して「借用他倉」とあることからみれば、民間の倉の借用も行われたようである。

(21) 沢田前掲書、三九五頁。

(22) 村尾前掲書、一五三頁。

(23) 長さ、広さの表現は古代文書の記載名称による。

(24) 当時の扉は現存の校倉などから両開き形式で、内開きと考えられ、かつ塞の高さが一〇～一九尺にも達するので、梯子ないしは台を使用できる広さが必要であったと思われる。

(25) 和泉監正税帳の法倉などがある。

(26) 沢田前掲書、四一二～四一四頁。

(27) 和泉監では不動穀倉にはすべて底頴があり、動倉にはない。頴ありは七例で二九九四、なしは四例で二九四三、二％の差である。越中と同様の計算を行えば、二八四八となり両者の差は三％となり、越中国の場合ほど明確でない。

(28) 井上辰雄「長門国正税帳をめぐる諸問題」『正税帳の研究』塙書房、一九六七年、一七三～一七四頁。

(29) 穹隆高記載の例は、越中国川上村北第二板倉と意斐村東第三板倉の二例だけである。

(30) 穹隆高を塞上端もしくは側桁から棟木までの高さとすることは、屋根に勾配のあことを考慮すれば、一尺～一尺八寸では小さすぎる。

(31) 斛法(表3の注参照)を二、八〇〇立方尺とした場合。

(32) 「越前国郡稲帳」(天平五年)による。

(33) 体積は頴一〇束で九立方尺とし、そのなかに穀一斛で二・八立方尺、また穂藁束六・二立方尺があり、それぞれの比重は穀五三〇、藁一四〇（キログラム／立方メートル）であるから、計算により頴の比重は二六一（キログラム／立方メートル）を得る。

（34）浅槽とは倉内に堆積した堆積層の崩壊面が層の表面に迄達している場合で、一般の擁壁の土圧論の方法が適用でき、壁の受ける圧力は堆積物の高さに応じて上昇する。深槽は然らざる場合で壁圧は堆積物の高さの増加に関係なくある値以上にならないので構造上有利である。

（35）「類聚三代格官符」寛平三年（八九一）八月三日。

（36）村尾前掲書、二四五～二四七頁。

（37）早川庄八「公廨稲制度の成立」『史学雑誌』六三の三号、一九六〇年。

（38）注（37）と同じ、二六一頁。

（39）村尾前掲書、二三九～二四五頁。なお一般には天平期には国郡司の手にあり、天平宝字七年（七六三）になって中央への進上を命じられたとする意見もある。宮原武夫「不動倉の成立について」『日本上古史研究』五の八号、一九六一年、一五〇～一五三頁、参照。

（40）村尾前掲書、二四〇頁。

（41）「延暦交替式」天平宝字七年三月。

（42）宮原武夫、前掲書、一五二頁。

（43）村尾前掲書、二四三頁。

（44）薗田『倉下考』三三～三四頁。

（45）本表の作成には宮原武夫、前掲書、一四八頁、第1表を参照した。

（46）米穀の新旧を混積することは、貯蔵上よくないこととされている。農商務省『米穀貯　貯蔵に関する調査』一九一七年、二五〇頁、ただし頴として収納後或期間おいて穀とすることが行われたならばこの弊害は軽減されよう。参照。

（47）薗田前掲書、三四頁。宮原、前掲書、一四九頁。

（48）村尾前掲書、二五〇～二五一頁。なお早川は注（37）の文献において天平十二年までは古穀が放置されていたとのべている。二六四～二六五頁と同論文の注三九参照。

（49）『類聚三代格』巻八、大同三年（八〇八）八月官符、不動動用事。

(50) 村尾前掲書、二五二頁。
(51) 青木前掲書、一四四頁。

第二章　律令国家における正倉建築の規格と実態

はじめに

前章、律令国家における正倉建築の機能[1]においては、正倉建築に関して、収蔵対象の頴・穀によって生ずる諸条件、動倉・不動倉など使用管理面から求められる諸条件等、主として機能面よりする分析を行った。

本章では正倉建築について、まず設計及び使用の時点における規格の問題について分析する。次に長さ・広さ[2]・高さ及び以上から推定できる規模・平面・断面の形状等について構造別に考察する。更に屋根材について記載のあるものに関して、屋根材と規模等の関係について調べる。

本章で使用する史料は古代文献中倉庫寸法の記載があるものであり、表6[3]に示した。すなわち前章で使用した正税帳・交替帳等に、庄及び寺院の倉に関する史料を加え、数的分析に必要な標本数の不足を補充する。

この庄及び寺院の倉には正倉及びそれに準ずるものが含まれており、かつ多くは稲穀用のものとみられる。特に倉庫構造については、当然同一構造のものには、一貫した傾向が存するとみられるので、異なる文書による倉庫建築の比較も、限定した意味と方法によれば可能と考える。

第一節　正倉建築の規格

一　規格に関係する諸条件の分析

表6　古代倉庫寸法記載文献構造別一覧表

	年度	文献名	板倉	甲倉	丸木倉	法倉	双甲倉	倉代	その他倉	計	
奈良時代	736	伊予国正税帳	7	1					1	9	大日本古文書2
	737	和泉監正税帳	12	3	12	2				29	寧楽遺文上
	748	弘福寺伽藍縁起資財帳	4	1						5	大日本仏教全書 120寺誌叢書第4
	748	小治田藤麻呂解	7							7	寧楽遺文中
	755	越前国使等解	1							1	〃
	756	孝謙天皇東大寺宮宅施入勅	2	1						3	大日本古文書4
	756	孝謙天皇飛騨坂所施入勅	2	1						3	大日本古文書25
	757 ～764	興福寺流記（宝字記分）					(3)		(1)	(4)	大日本仏教全書 123興福寺叢書1
	760	摂津職安宿王家地倉売買券					1			1	大日本古文書4
	762	造石山寺所告朔							1	1	大日本古文書5 続修38裏書
	762	造石山院所解案（秋季告朔）							1	1	大日本古文書16
	766	越前国司解	1							1	大日本古文書5
	780	西大寺資財流記帳	17	10	1		1	4	1	34	寧楽遺文中
平安時代	783	太政官牒	4	2						6	平安遺文1
	801	多度神宮寺伽藍縁起資財帳	3							3	平安遺文20
	804	皇大神宮・止由気宮儀式帳							12	12	群書類従1
	867	安祥寺伽藍縁起資財帳							1	1	平安遺文164
	873	広隆寺資財帳		1	3				5	9	平安遺文168
	887	（広隆寺資財交替実録帳）		(1)	(3)				(5)	(9)	平安遺文175
	905	筑前国観世音寺資財帳	7	1						8	平安遺文194
	910	越中国官倉納穀交替帳	26							26	平安遺文204
	982	太政官符案							1	1	平安遺文321
	1030 ～31	上野国交替実録帳	1	2					4	7	平安遺文4609
		興福寺流記					(3)				大日本仏教全書 123興福寺叢書1
合計			94	23	16	2	2	4	28	168	

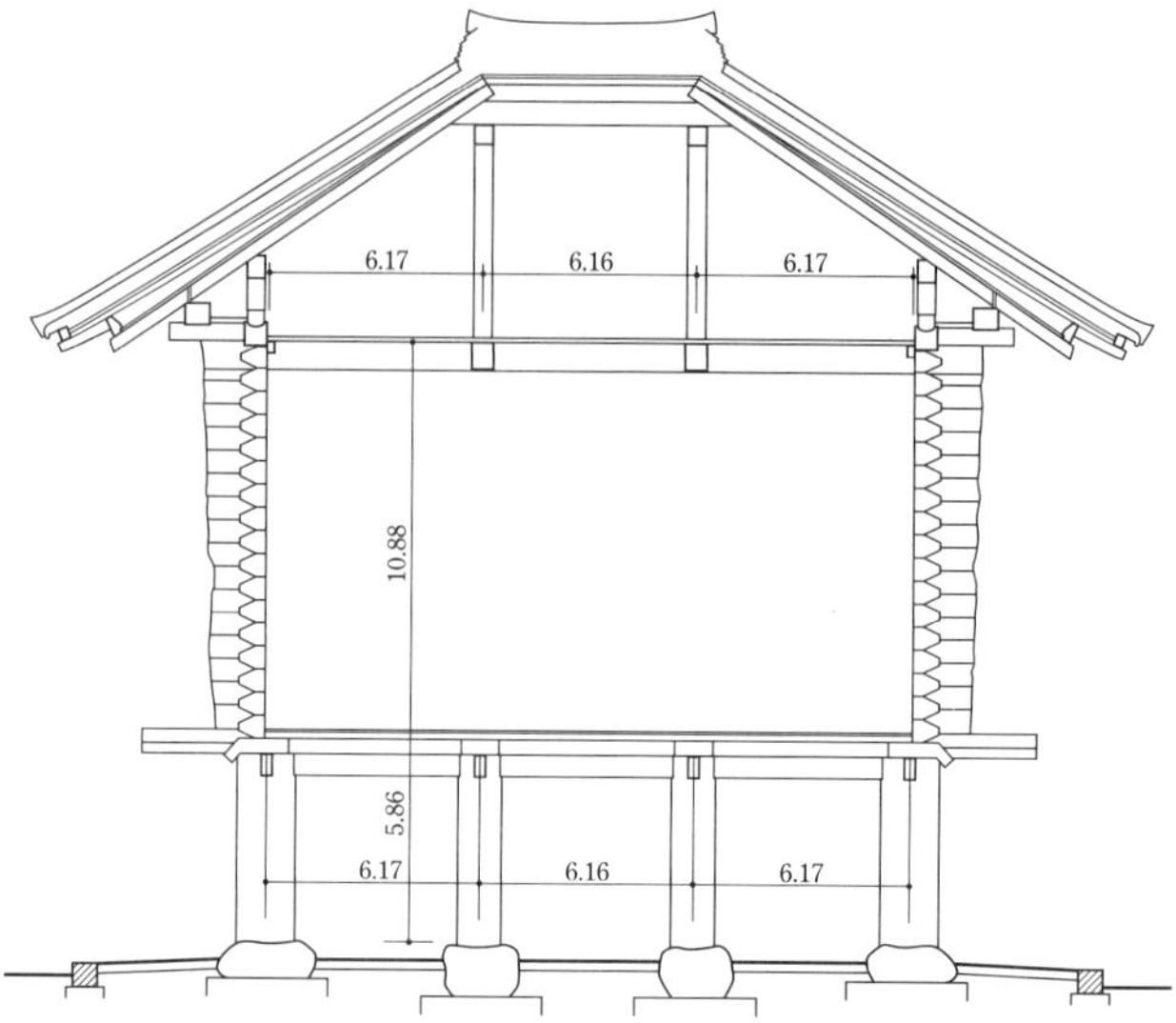

図10-1　唐招提寺経蔵　桁行断面図（『唐招提寺宝蔵及び経蔵修理報告書』1962より）
柱脚心と倉庫の内法面とが一致している。旧地主倉を寺の倉庫に転用したもの、奈良時代。寸法は尺。

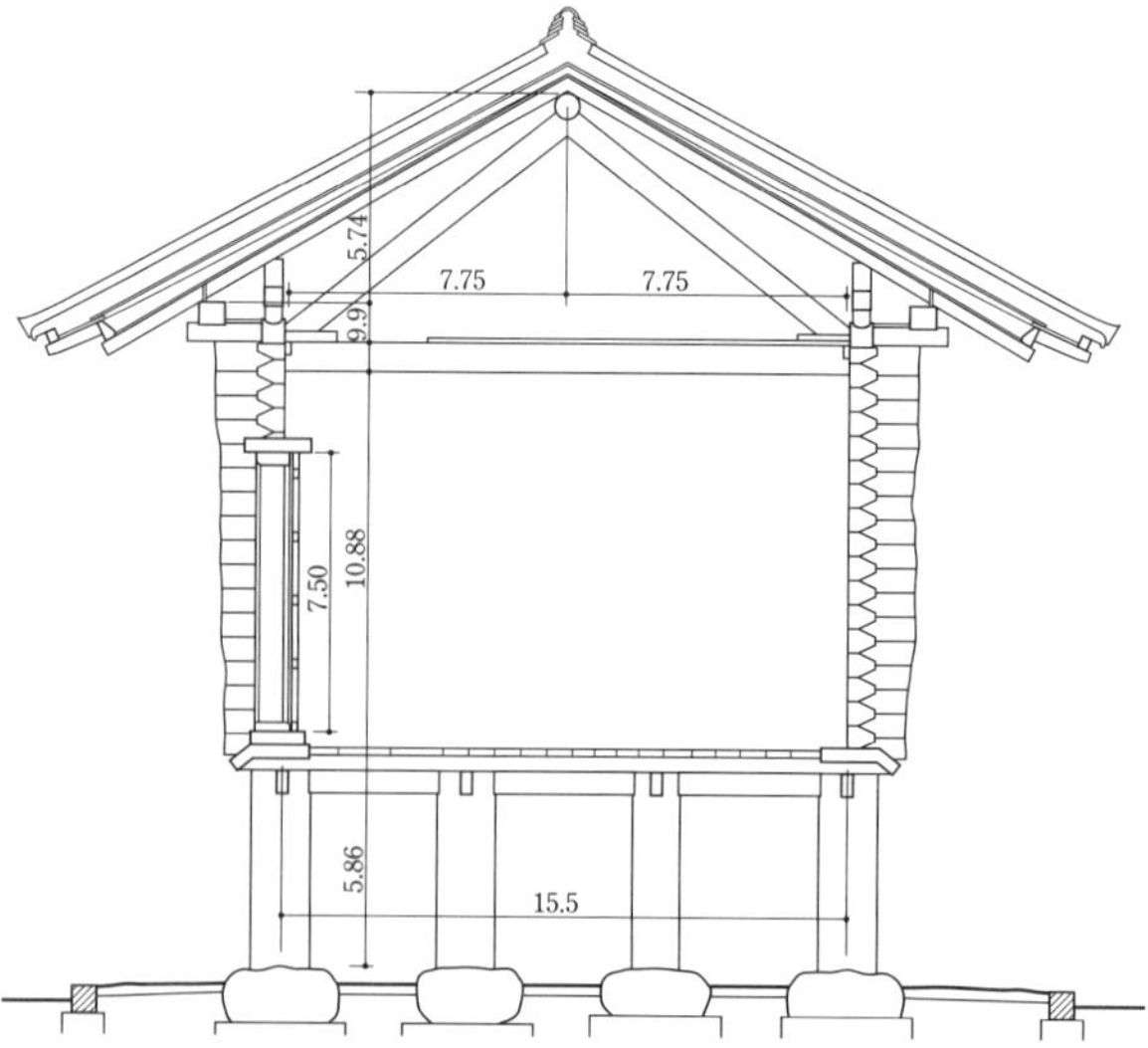

図10-2　唐招提寺経蔵　梁行断面図　（『唐招提寺宝蔵及び経蔵修理報告書』1962より）柱脚心と倉庫の内法面とが梁行き方向でも一致している。

A　記載寸法の意味

古代の寺院・官衙などの建築においては、長さ（桁行）広さ（梁行）等の寸法は、柱心寸法で表され、概して完数制がとられた。[4] しかし穀倉の寸法は、和泉監正税帳では寸単位、越中国交替帳では寸の下の分単位となっており、恐らく倉の内法寸法を表したとみられる。かつ越中国交替帳では検税時によっては、穀倉の上部ならびに下部について測定した例や、某村不動西第五板倉のように、四周について測定した例もみられる。このことから税帳等の記載寸法は、穀倉の正確な内法寸法の測定値であるとみることができよう。更に穀倉が高床形式と考えられることから、穀倉の設計段階において、柱脚の柱心寸法と穀倉の内法寸法とをいかに調整したかについて、現存する奈良・平安時代の建設になる校倉について考察する。[5] 正倉院宝庫と唐招提寺経蔵では柱脚心と倉庫の内法面とがほぼ一致し、手向山神社宝庫、東大寺法華堂経庫、東寺宝蔵では二寸五分～六寸程内法寸法が狭くなっている。また唐招提寺宝蔵のように桁方向だけ特に広いものもあって、必ずしも両者は一致していないようである。恐らく当時は穀倉の計画施工の段階では、柱脚の柱心寸法については一応使い易い完数によったものであろうが、完成し使用する段階での穀容量の計算では、正確を期して測定値を記録したものとみられる。

B　穀倉の高さと積高の満・未満との関係

穀倉において文献記載の「高さ」と比べて「委高」（積高）の方が高いという妙な場合が越中国交替帳に四例[6]ある。ただしその差は六寸以下と大きくはないが、このことから穀倉の「高さ」とは倉の内壁に付けられた目印に近いものではないかと思われる。[7]

次に穀倉の収容力に関係する、満倉とされる条件について考察する。村尾氏は「満倉時における空隙の高さは、必ずしも規定があったわけではなく、略一尺以内に空隙が縮まれば満倉とされたらしい。一尺以上あいていても、越中北第二板倉のように満倉とされている例もあった」[8]と説かれているが、明確ではない。よって本体高さから積高を差し引いたものと、本体高との比を使って考察する。

穀倉の満・未満の記載のあるのは越中国交替帳だけである。その不動倉一八例中満倉、あるいは満倉とみられるものが一六例、未満のものが二例ある。満倉とされても本体高さと積高の間は多少の増減があり、絶対値の和から求めた平均値は五寸二分となり、倉の高さとの比の平均値では三・六%となる。欠減の大きい例として北第二板倉前第二板倉では一尺四寸不足でも満とされ、全高に対する比は八・七%である。一方未満とされた二例では、川上西第二板倉は二尺三寸の不足で、全高に対する比は一二・三%。また意斐北外後第二板倉は倉高が積高より低いが、恐らく欠字があるためであろう。それで類似例として川上西第二板倉では、高さが一五尺三寸であるから、これに準ずるとみれば、少なくとも二尺以上の不足と思われよう。[9]以上から判断して、全高に対する比率が一〇%程度の線によって、満と未満とを区別したのではなかろうか。

C 斛法の問題

斛法とは立方寸で表した一斛の穀量を指す。七道検税使算計法によれば、天平六年(七三四)には各道によってその穀量に二、七〇〇～三、二〇〇立方寸までの差異があった。[10]この点を考慮すると当時は一、〇〇〇斛入りの穀倉でも、地方が違えば実際の容量には一五%内外の差がありえたわけである。この事実から少なくともこの時までは全国一率に一、〇〇〇斛入りの穀倉として、長さ・広さ・高さを同寸法でつくるといったことはなかったようである。その後宝亀七年(七七六)に畿内并七道検税使算計法によってようやく全国的に二、八〇〇立方寸によって一斛とするという統一的斛法が制定されるにいたった。ただし一〇年以上経た穀は二、七〇〇立方寸で一斛とするというような複雑さは残された。

以上をまとめると、穀倉の寸法は内法寸法で表示され、斛法との関連上、ある一定量以上の容量を目標とし、ある程度の幅をもって規格を定めたとみられる。そして使用時に実測によって容積を決定したとみられる。なお計画に際しては、柱脚では恐らく完数制による柱心寸法がとられたとみられるが、上部にある穀倉の内法寸法との間には明確なきまりはないようである。

二　正倉規格の実態

A　税帳・交替帳の穀倉に関する分析

和泉監正税帳、越中国交替帳にみられる寸法明記の穀倉について、その規模の大小に関する頻度分布を検討する。まず倉の面積から塞面積を差し引いたものと、高さとして倉高から底頴分五寸と、倉の高さと積高との差に若干の余裕を含めて五寸とし、計一尺を差し引いたものとを乗じ、求めた数値を実質容積とする（参照第一章表3）。

表7　穀倉実質容積頻度分布表

斛	立方尺	和泉	越中	計
	675 未満			
	675 ～ 1350			
500	1350 ～ 2025	2		2
	2025 ～ 2700	2	1	3
1000	2700 ～ 3375	1	2	3
	3375 ～ 4050	1		1
	4050 ～ 4725	1		1
	4725 ～ 5400		1	1
2000	5400 ～ 6075	1		1
	6075 ～ 6750	1		1
	6750 ～ 7425		1	1
	7425 ～ 8100			
3000	8100 ～ 8775		2	2
	8775 ～ 9450		3	3
	9450 ～ 10125		1	1
	10125 ～ 10800			
4000	10800 ～ 11475		1	1
	11475 ～ 12150		1	1
	12150 ～ 12825		1	1
	12825 ～ 13500			
5000	13500 ～ 14175			
	14175 ～ 14850			
	14850 ～ 15525	1	1	2
	15525 ～ 16200			
6000	16200 ～ 16875		1	1
	16875 ～ 17550		1	1
	17550 ～ 18225		1	1
	18225 ～ 18900			
7000	18900 ～ 19575		1	1
	19575 ～ 20250	1		1
	20250 ～ 20925			

表8　1000斛単位に区分した穀倉の寸法比較

斛数	名　　称	長さ	広さ	高さ	実質容積
500	和泉日根南一甲倉	164	122	101	1695
	越中意斐北外二板倉	165	138	108	2129
	和泉大鳥東一板倉	169	159	105	2359
	和泉大鳥東二板倉	174	145	105	2189
	和泉日根北四板倉	182	161	94	2239
1000	和泉日根北五板倉	180	153	120	2849*
	和泉大鳥東三板倉	190	150	119	2901*
	越中意斐東一板倉	193	163	108	2903*
	越中意斐東二板倉	198	179	98	2935*
	和泉和泉南三板倉	228	177	122	4226
	越中意斐北外後一板倉	312	185	100	4827
2000	和泉和泉西一板倉	264	194	129	5735**
	和泉和泉南一板倉	270	195	135	6105**
	越中川上西二板倉	291	185	154	7179
3000	越中意斐北二板倉二板倉	244	243	160	8397
	越中意斐西三板倉	277	259	144	9131**
	越中意斐南一板倉	281	261	131	8442**
	越中意斐北二板倉	281	260	141	9258**
	越中川上西三板倉	282	260	146	9633**
	越中川上西一板倉	283	261	141	9295**
4000	越中意斐西六板倉	294	264	156	10982*
	越中意斐西二板倉	302	259	164	11712*
	越中川上北二板倉	305	295	155	12533*
5000	越中意斐東四板倉	402	277	151	15205
	和泉日根北六法倉	600	200	136	14896
6000	越中意斐南二板倉	319	277	199	16379
	越中意斐西五板倉	398	260	182	17061
	越中意斐東三板倉	408	290	166	18609
7000	越中意斐東後外三板倉	485	278	160	19529
	和泉和泉南院北一法倉	720	210	145	19920

＊近似関係の強い例

この実質容積を一斛二、七〇〇の立方寸単位で割り、それを二五〇斛ごとに分割し、その分布状況を表7に示す。この表には一見明瞭なまとまりがないようにもみられるが、一、〇〇〇斛以上の例についてみると、例えば三、〇〇〇斛台の倉では、三、五〇〇斛未満の倉数が五、三、五〇〇斛以上の倉数が一と、未満の方が圧倒的に多いことが注目される。その他の区分の例でもこの傾向が認められるので、この事実から判断すれば、穀倉は一応各々一、〇〇〇斛台ごとにある程度の余裕を加えた規模のものとして計画されたのではなかったかと考えられる。

次に容量のまとまりを持つ穀倉について長さ・広さ・高さの寸法の数値を検討するため一、〇〇〇斛ごとに区分して作成したのが表8[11]である。これでみる限りでは、五〇〇斛、五、〇〇〇斛、七、〇〇〇斛については寸法の近似関係はないようであるが、一、〇〇〇斛では六例中四例、四、〇〇〇斛では三例全部、六、〇〇〇斛では三例中二例について、まず長さについての近似関係がみられる。さらに進んだ近似関係が認められるのは、二、〇〇〇斛、三、〇〇〇斛の場合で、前者では三例中二例、後者では六例中五例までが、長さ、広さについて著しい近似関係を示している。

B　その他の倉庫について穀倉とみなした場合の分析

税帳・交替帳にある穀倉以外の正倉や、それに準ずるものと考えられる庄や寺院等の正倉院にある倉庫を五二例選定し、それぞれについて塞の面積を二七平方尺と仮定し、また前例に準じて高さから一尺差し引き、算出した実質容積について表9を作成した。この表は前例と同様に各一、〇〇〇斛台を四等分し、そのうち五〇〇斛未満とそれ以上の数について比較できるようにしたものである。その比率は一八対七となり、やはり前例に似た関係が認められる。また容積のまとまりについて作成した表10[12]をみると、それぞれ似た長さ、広さを持つ倉がみられ

表9　仮定穀倉実質容積頻度分布表

斛	立方尺	奈良	平安	計
	675未満	2		2
	675～1350	12		12
500	1350～2025	5	2	7
	2025～2700	6		6
1000	2700～3375	7	1	8
	3375～4050	4	1	5
	4050～4725	1	1	2
	4725～5400		1	1
2000	5400～6075		1	1
	6075～6750			
	6750～7425	1		1
	7425～8100			
3000	8100～8775			
	8775～9450	1		1
	9450～10125	2		2
	10125～10800	1		1
4000	10800～11475	2		2
	11475～12150	1		1
	12150～12825			

表10　1000斛単位に区分した穀倉以外の倉庫の寸法比較

斛数	名　称	長さ	広さ	高さ	実質容積
500	越中意斐東五板倉	148	120	100	1360
	大和高市飛驒板倉	150	130	120	1860
	越中意斐東六板倉	152	139	88	1440
	和泉穴師神税東三板倉	160	140	78	1347
	和泉大鳥東四板倉	170	121	93	1558
	大和高市飛驒板倉	170	140	110	2120
	和泉日根北二丸木倉	180	158	94	2165
	和泉日根西二甲倉	180	160	110	2620
	和泉日根北三板倉	185	161	100	2440
	大和西大寺正倉院板倉	185	150	108	2460
	伊予南三甲倉	190	150	90	2070
	和泉日根南三丸木倉	190	160	90	2220
	和泉和泉西二板倉	190	170	90	2370
	伊予南二板倉	199	157	88	2230
1000	大和西大寺正倉院甲倉	174	155	136	3060
	越前坂井板倉	180	160	120	2880
	大和左京甲倉	183	160	120	2920
	大和西大寺正倉院板倉	184	153	120	2910
	大和西大寺正倉院板倉	185	167	111	2861
	摂津東生板倉	188	160	110	2740
	摂津西大寺正倉院板倉	196	156	130	3340
	伊予北一板倉	248	198	97	4040
	伊予西二板倉	259	153	96	3180
	意斐北外後三板倉	261	108	122	3060
	大和西大寺正倉院板倉	261	191	104	4440
	伊予西一板倉	262	186	116	4880
	越中意斐東後一板倉	265	188	118	5070
2000	摂津東生甲倉	230	150	180	5420
	大和西大寺正倉院板倉	293	168	162	7090
3000	大和東生板倉	272	250	166	10200
	大和西大寺正倉院甲倉	286	222	160	9100
	大和西大寺正倉院甲倉	310	222	160	9920
	摂津東生板倉	340	220	150	10100
4000	大和左京板倉	288	260	161	10900
	大和西大寺正倉院板倉	296	266	167	11940
	大和西大寺正倉院甲倉	300	255	164	11400

る。特に同一文書内ばかりでなく、異なった庄や寺院の正倉院の間にも認められることは、やはり何等かの規格的なものが存在したのではあるまいか。

なおこの他大野城、基肄城跡で発掘された七世紀頃の倉庫とみられる遺跡の礎石において、長さ三五尺、広さ二一尺（柱間七尺）の規模を持つ例が多数発見されている。[13]これが倉庫跡ならば規格の存在がこれからも確かめられよう。

三　正倉規格の変遷

正倉のうち穀倉、特に不動倉を中心としてみた規格の変遷についてのべる。史料に関しては和銅七年（七一四）に二、〇〇〇斛、三、〇〇〇斛、四、〇〇〇斛の穀倉の制定についてだけ残っている[14]。

事実、天平期においては表4から想定されるように二、〇〇〇から三、〇〇〇斛を中心として穀倉が存在したようである。それ以前の状態については、例えば表7の和泉監正税帳において五〇〇斛台四棟、一、〇〇〇斛台三棟の存在から、より小規模の規格が存在したようにみられる。なおまた五、〇〇〇斛以上の例が二例であって法倉と呼ばれているが、これは細長い平面の動倉であり、倉としては特殊な存在ともみられる。その後越中国交替帳では三、〇〇〇斛台六棟、四、〇〇〇斛台三棟、五、〇〇〇斛台一棟、六、〇〇〇斛台三棟、七、〇〇〇斛台一棟とより大規模のものが多くみられる。これからみると恐らく天平以降において五、〇〇〇斛以上の規格制定が行われたものと推定される[15]。

第二節　規模寸法による倉庫構造の分析

一　総集計値による構造の分析

古代の倉庫構造と、長さ・広さなどの規模・形状に関する数値との関係を分析するため表11を作成した。すなわち表6に示した古代における寸法記載のある倉庫のうち、標本数の多い板倉・甲倉・丸木倉に屋[16]を加えて作

表11　古代倉庫の構造別寸法平均値比較表

種別	長さ	*N*	広さ	*N*	高さ	*N*	面積	*N*	容積	*N*	長／広	*N*	高／広	*N*
板倉	220 ± 56	93	175 ± 53	94	122 ± 30	79	412 ± 272	92	5900 ± 4800	76	1.28 ± 0.26	92	0.68 ± 0.19	77
甲倉	194 ± 57	23	154 ± 38	21	123 ± 30	22	335 ± 184	21	4600 ± 3300	19	1.28 ± 0.15	21	0.76 ± 0.15	20
丸木倉	154 ± 30	16	126 ± 22	16	77 ± 14	13	200 ± 68	16	1400 ± 600	13	1.16 ± 0.07	13	0.60 ± 0.13	12
屋	381 ± 148	10	177 ± 40	10	111 ± 26	7	660 ± 389	10	9300 ± 7700	7	2.09 ± 0.69	10	0.61 ± 0.11	7

注 **N**は標本数を示す

成した各構造の平均値で、各価とも標準偏差を示した。

A　板倉、長さは倉で最大で、屋を含めると第二位になる。広さも同様であるが、偏差は最も大きい。高さはわずかに甲倉に次ぐ。面積、容積ともに屋に次ぐ。長さ／広さ[17]は甲倉と似る。高さ／広さ[18]は甲倉に次ぐ。

B　甲倉、長さ・広さ・面積・容積では板倉に及ばないが、高さでは板倉よりもわずかに優り第一位にある。長さ／広さでは板倉と似る。高さ／広さでは他を引き離して第一位である。

C　丸木倉、すべての値において最も小さい。長さ／広さが一に近く、平面は正方形に近い。

D　屋、長さ・面積・容積ともに一番大きいが、偏差もまた大きい。広さは板倉に似る。高さは板倉・甲倉に次ぎあまり高くない。長さ／広さは二倍以上と他を引き離している。このことが屋の特徴をなす。

以上を要約すれば、まず板倉は倉で最大で、屋を含めると屋に次ぐ。屋は偏差が大きいので小さい例もある。甲倉は板倉より小さいが高さでは高い。丸木倉は一番小さい。

次に倉と屋とは長さ／広さが違う。すなわち平面の形状で倉は正方形に近いし、屋は長方形である[19]。倉のなかでは丸木倉が一番正方形に近い。板倉と甲倉はこの点に関しては似た値であるが、板倉の方が偏差が大きいのは細長い形が含まれることを示している。

表12　郡郷正倉の構造別寸法平均値比較表

種別	時代	長さ	N	広さ	N	高さ	N	面積	N	容積	N	長／広	N	高／広	N
板倉	奈良	208 ± 45	17	167 ± 34	19	107 ± 18	18	342 ± 116	18	3960 ± 1770	16	1.27 ± 0.16	17	0.62 ± 0.10	18
	平安	312 ± 91	25	226 ± 54	26	140 ± 30	25	694 ± 245	25	9875 ± 5750	24	1.28 ± 0.25	25	0.61 ± 0.10	25
	計	284 ± 85	42	200 ± 53	46	126 ± 30	43	554 ± 309	42	7400 ± 5500	40	1.27 ± 0.21	42	0.61 ± 0.10	43
甲倉	奈良	173 ± 17	4	143 ± 13	4	108 ± 11	4	275 ± 43	4	2750 ± 500	4	1.23 ± 0.08	4	0.72 ± 0.08	4
丸木倉	〃	148 ± 23	12	123 ± 19	12	74 ± 11	12	183 ± 62	12	1300 ± 560	12	1.16 ± 0.08	12	0.58 ± 0.13	11
屋	〃	360 ± 115	5	162 ± 24	5	102 ± 12	5	590 ± 70	5	5450 ± 2480	5	2.24 ± 0.71	5	0.62 ± 0.04	5

二　正税帳・交替帳の集計値による構造の分析

総集計値の平均による分析では、標本数が多いことから各種構造に関する一般的傾向は把握することはできた。しかしこれを直ちに正倉建築の傾向とすることには不安がある。このため正税帳・交替帳から郡郷の正倉（稲穀収蔵用）をとり出し、かつ時代別に集計して平均値を求め表12を作成した[20]。

まず構造別に正倉があって比較できる奈良時代（天平期）に関しては、総集計値で述べたとほぼ同様の傾向が認められる。すなわち板倉が倉のうちでは一番大きく、甲倉・丸木倉の順に小さくなり、また屋を含めると板倉は屋に次ぐことになる。

次に平安時代（延喜期）を含めての全平均値で分析すると、板倉の値は著しく増大し、容積等で屋に優り、高さについても甲倉に優り第一位になる。しかし甲倉は高さ／広さでは第一位である。なお板倉は奈良時代、平安時代を通して、長さ／広さ、高さ／広さの値はほとんど変らない。

三　所管別集計値による構造の分析

表13は前二項で扱った郡郷の正倉と、それ以外の寺院及び庄の倉とを比較検討するため、奈良時代と平安時代とに区分し、倉の平均的規模を構造別に算定し作成し

表13　古代倉庫の所属別・構造別寸法規模比較表

種別	時代	所属	長さ	広さ	高さ	面積	容積	長/広	高/広	標本別
板倉	奈良	郡　倉	238	168	103	400	4110	1.42	0.62	19
		寺院・庄	191	156	120	298	3570	1.22	0.77	34
	平安	郡郷倉	291	224	136	651	8850	1.30	0.61	26
		寺院・庄	199	140	102	278	2840	1.42	0.73	16
甲倉	奈良	郡　倉	179	146	105	261	2740	1.22	0.72	4
		寺院・庄	200	161	121	322	3900	1.24	0.75	13
	平安	寺院・庄	201	159	129	320	4130	1.26	0.81	6
丸木倉	奈良	郡　倉	145	126	72	183	1315	1.15	0.57	13
	平安	寺　院	186	132	—	245	—	1.41	—	3

たものである。集計の方法は長さ・高さについて単純平均値をとり、その数値をもとに面積・容積・長さ／広さ、高さ／広さについて算定したものである。

分析により次の点が注目される。

A　板倉では平安時代の郡郷の正倉が次位の平安時代の寺院・庄の甲倉と比べて二倍の容量を持つ。

B　甲倉では奈良時代の郡の正倉が容量において比較的小規模であるに対し、奈良時代及び平安時代の寺院・庄の倉が大きい。

C　上記の寺院・庄の甲倉は、同時代の寺院・庄の板倉と比較すれば、長さ・広さの平均値ではほとんど差がない。ただ高さが高いため容量が大きいとみられる。

D　甲倉の長さ／広さは、奈良・平安時代を通じて一・二倍であるが、板倉では奈良時代の郡倉、平安時代の寺院・庄において一・四倍になっている。これは前述した値と多小差があり、集計方法の違いによって大きめに表されたためにもよるが、対象となった板倉に細長い例があったことの反映でもある。

E　丸木倉の場合平安時代の長さ／広さが一・四倍を示しているが、三例だけで特殊な例とみられる。

第三節　屋根葺き材による倉庫構造の分析

古代文献には屋根葺き材を明示した例が相当みられる。ただし正税帳にみえる瓦倉の名称は[21]、葺き材と明示されていないこと、「凡」の字と瓦がまぎらわしいことから必ずしも瓦葺きと断定できない。以下、葺き材と主体構造との関係のわかるものについて分析を行う。

一　総集計表による分析

表14[22]は古代文献の屋根葺き材を明示したものから構造別に分類作成した。史料の関係上奈良時代末期から平安時代のもの、とりわけ寺院関係のものが多い。

全般的傾向としては、草葺きと桧皮葺きが多く、瓦葺きはそれに次ぎ、板葺きは少ない。奈良時代では比較的瓦葺きが多い、平安時代になると瓦葺きの占める比率が小さくなる。構造種別にみると、板倉では草葺きが多い。次いで桧皮葺きがあり、瓦葺きは少ない。甲倉では瓦葺きと桧皮葺きが多く、草葺きは少ない。丸木倉は草葺きである。倉代と双倉とは瓦葺きが多く、桧皮葺きもみえる。

二　個別文書による分析

総集計値による分析の異なった史料の混合という欠点を補うため、同一及び類似文書による分析を行う。表15

表14 古代倉庫屋根葺き材構造別分類表

	年代	文書名	板倉			甲倉				丸木倉	倉代		双倉		土倉	倉				計				
			草	瓦	桧皮	草	瓦	板	桧皮	草	瓦	桧皮	瓦	桧皮	瓦	草	瓦	板	桧皮	草	瓦	板	桧皮	
奈良	747	法隆寺伽藍縁起幷流記資財帳					1						2		1						4			寧楽遺文中
	756	孝謙天皇東大寺宮宅及飛騨坂所施入勅	4			1			1											5			1	大日本古文書4・25
	762	造石山寺所告朔														1				1				大日本古文書5
	771	某解(平城東市荘券)																		1				寧楽遺文中
	772	大宅船人解(大和国春日荘券)	1													1			1	1			1	寧楽遺文中
	780	西大寺資財流記帳	6	4	8	1	4	1	4	1	3	1	1							8	12	1	13	寧楽遺文中
		計	11	4	8	2	5	1	5	1	3	1	3		1	2			1	16	16	1	15	
平安	788	大和国添上郡司解														1				1				平安遺文5
	801	多度神宮寺伽藍縁起資財帳	3																	3				平安遺文20
	841	石川宗益家地売買券文(山城国宇治郡)			1				1														2	平安遺文70
	867	安祥寺伽藍縁起資財帳																	1				1	平安遺文164
	872	貞観寺田地目録帳							1														1	平安遺文165
	873	広隆寺資財帳						1		3						1		1	3	4		2	3	平安遺文168
	883	河内国観心寺縁起資財帳	1																1	1			1	平安遺文174
	905	筑前国観世音寺資財帳	5		2	1														6			2	平安遺文194
	982	太政官符案																	1				1	平安遺文321
	1035	東大寺検損色帳					3		2				4	1			1		1		8		4	平安遺文551
	1095	大江公仲処分状案																1				1		平安遺文1338
		計	9		3	1	3	1	4	3			4	1		2	1	2	7	15	8	3	15	
		合計	20	4	11	3	8	2	9	4	3	1	7	1	1	4	1	2	8	31	24	4	30	

表15　屋根葺き材と規模との関係

種別			板倉			甲倉				丸木倉	倉代		双倉
屋根葺材			草	瓦	桧皮	草	瓦	板	桧皮	草	瓦	桧皮	瓦
孝謙天皇施入勅案		数	4			1			1				
		立方尺	(5 970)			1 176			3 513				
西大寺流記帳	正倉院	数		4	4		3		3		1		
		立方尺		(7 331)	(3 310)		(11 283)		(3 094)		5 760		
	上以外	数	6		4	1	1	1	1	1	2	1	1
		立方尺	(2 411)		(2 874)	1 141	7 380	1 715	2 612	2 244	(8 000)	6 600	1 284

注（　）は平均値

参照。

A　孝謙天皇関係施入勅案

これによると、甲倉は板倉よりも小さく、同じ甲倉では草葺きよりも桧皮葺きのものが大きい。

B　西大寺資財流記帳

屋根材記載史料として最も倉数が多く、種類も豊富である。寺内の正倉院にある倉は、一般に規模が大きく、板倉、甲倉、倉代があり、屋根材は瓦と桧皮に限られる。かつ瓦葺きは大きい倉、桧皮葺きは小さい倉に使われている。

正倉院以外の倉では甲倉に一例瓦葺きがあり、規模が大きい。甲倉では他に各一例づつあり、桧皮葺き、板葺き、草葺きの順に小さくなる。板倉でも草葺きは桧皮葺きより小さい。

以上の分析結果を要約すれば、まず屋根葺き材には、瓦・桧皮・板・草という質の格差があるようにみえる。特に西大寺資財流記帳による分析結果がそれを裏付ける。次に板倉と甲倉とを比較すると甲倉の方が瓦葺きの場合が多いようである。このことは板倉よりも甲倉の方が質が良いことを意味するもののようである。

注

（1）拙稿「律令国家における正倉建築の機能」『日本建築学会論文報告集』二一四号、

一九七三。本書第一章参照。

（2）「長さ」・「広さ」は税帳・交替帳の表現に従ったもので、一般建築の桁行・梁行に当たる。ただし倉の場合は「高さ」を含めて内法寸法とみられる。

（3）作表にあたっては内容の重複しているもの、不確実なものは括弧内に入れた。また甲倉には板甲倉一棟（西大寺資財流記帳）、甲小居倉一棟（広隆寺資材帳）、亀甲倉一棟（筑前国観世音寺資財帳）を含む。

（4）淺野　清「奈良時代の建築」『奈良時代建築の研究』中央公論美術出版、一九六九年、二一七～三〇頁、参照。

（5）第一章第一節注（19）にあげた修理工事報告書、及び正倉院宝庫については『新建築』一九五九年三月号所載の矩計図によった。

（6）川上村西三、意斐村東四、西二、北外二各板倉。

（7）目印というよりも塞の上限とも考えられるが、塞高が倉高より高い場合（川上村西第三板倉）がある。

（8）村尾次郎『律令財政史の研究』吉川弘文館、一九六一年、一六二頁。

（9）両倉とも長さ／広さが一・五八、一・六九と細長い平面で、かつ川上西三倉は高さ／広さが、〇・八三と最も大きいので、構造的な弱点があったのかも知れない。

（10）「延暦交替式」　天平六年七道検税使算計法による斛法を次に示す。

東海道・山陽道　　　　　一、七〇〇寸

東山道・北陸道南海道　　一、八〇〇寸

山陰道・西海道　　　　　三、二〇〇寸

（11）表8、表10共に長さの小さい方から配列した。

（12）五〇〇斛未満の例は除外した。

（13）鏡山　猛「朝鮮式山城の倉庫群について」『九州大学文学部創立四〇周年記念論文集』一九五八。

（14）続日本紀和銅七年四月大政官奏。

（15）村尾前掲書、一六五～一七五頁。

（16）屋に関しては、稲穀用として使用されたとみられる一〇例に限定した。和泉監正税帳五例、越前国使解三例、越中国交替帳二例。

（17）長さ／広さは、いわゆる梁行と桁行との比にあたる。すなわち広さ（梁行）を基準として長さ（桁行）を比較する指標で、内圧の大きい穀倉、特に校倉組の場合には、構造強度上有利な正方形（この比が一に近いこと）が多い。なお仏寺等では奈良時代前期まではこの比が一に近かったが、それ以後は桁行方向を延長し細長い形状に変わっていく。太田博太郎「日本建築史　古代　構造と意匠」『建築学大系四』、彰国社、一九五七年、一二七頁。

(18) 高さ／広さは、梁行と倉内法高さの比にあたるもので、広さを基準として、高さを比較する指標であり、倉体の断面形状を表す。高さに関して、その値を広さとの関連にとらえることは、規模の違いによる影響を小さくし、穀倉の断面形状から浅倉か、深倉かの判定にも有効とみられる。

(19) 倉が正方形で、屋が長方形であることの一つの証明ともなる絵図が残されている。『讃岐国弘福寺領山田郡田地図』、天平七年（七三五）多和文庫蔵。『摂津職島上郡東大寺領水無瀬庄地図』天平勝宝八年（七五六）頃正倉院文書。図11・12参照。

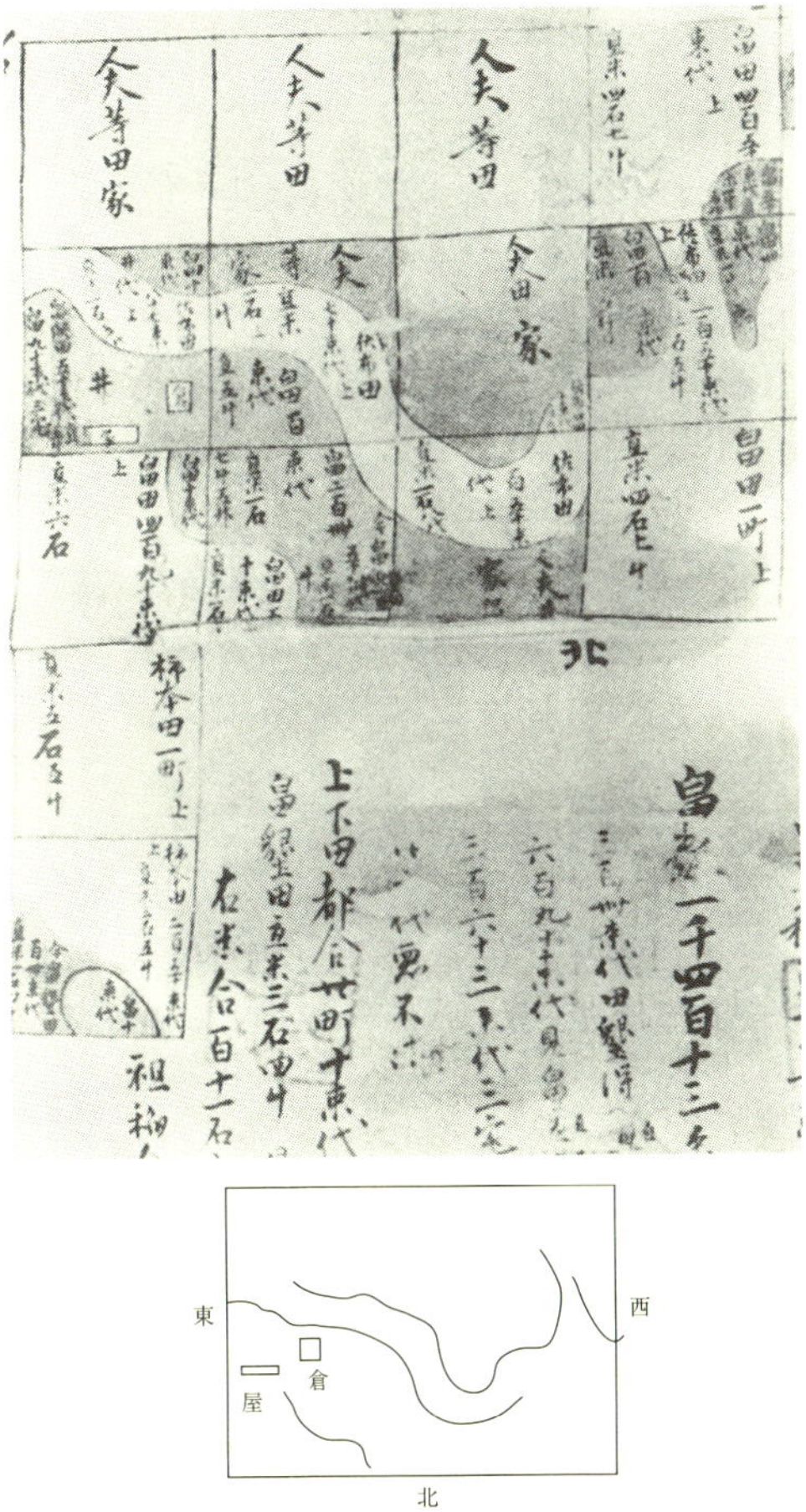

図11　荘園絵図に示された倉　讃岐国弘福寺領山田郡田地図（部分）　天平7年、多和文庫　倉が正方形、屋が長方形を示した図。

（20）本表の史料は伊予国正税帳、和泉監正税帳・越中国交替帳によった。
（21）瓦倉の名称は伊豆・周防・長門国正税帳にみえる。
（22）本表の作成にあたっては、双甲倉は双倉に、板甲倉は甲倉に加えた。構造不明のものは倉として扱った。

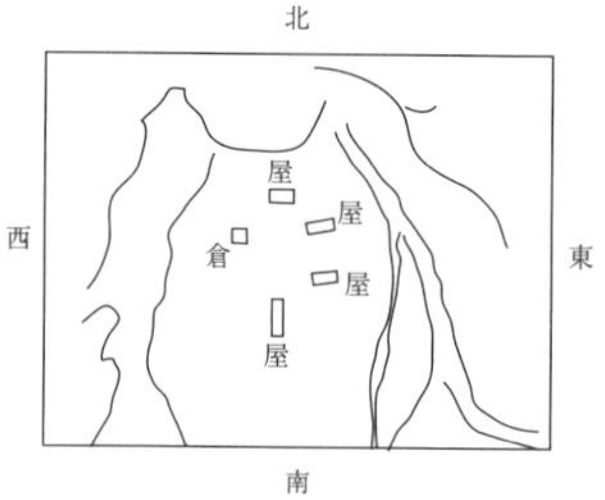

図12　荘園絵図に示された倉　摂津職島上郡東大寺領水無瀬庄地図（部分）　天平勝宝8年　正倉院文書。

（図11、12両者ともに、西岡虎之助『日本荘園図集成　上』1976　東京堂より）

第三章　正倉の構造とその変遷

はじめに

ここでは以上の章において述べてきた成果を基に、さらに広範囲の史料等により、まず正倉建築、およびそれに準用される施設について構造に関する名称と特徴を明確ならしめ、次に正倉構造の相互関係、ならびに構造の発生・展開・終焉等の様相を具体的に論述する。

第一節　正倉の構造に関する名称と特徴

正倉の建築構造を表す名称のうち、用例も多く重要とみられる丸木倉・甲倉・板倉・土倉について述べる。

一　丸木倉

丸木とは「伐採したままの木で、削りまた磨きなどせぬもの」[1]とされる。文献上の丸木倉は、和泉監正税帳（七三七）が初見であり、以後上野国交替実録帳[2]（一〇三〇〜三一）に至るまでしばしばみられる。なお鎌倉時代の文献仁治交替帳（一二四一）にも筑後国府政所に丸木倉がみえる。[3]

丸木倉の数は初期には多く、後期には減少したようである。たとえば和泉監正税帳では、構造記載の倉庫が二七棟あって、そのうち一二棟（四五％）が丸木倉であるが、上野国交替帳では一四五棟中二棟に過ぎない。

図13　丸木倉　ストックホルム　スカンセン野外博物館。丸木倉はこれと似たものと推定される。

丸木倉の規模は前章に示したように、一番小規模であり平面は正方形に近い。用途では穎用が多く、穀用はみられない。

丸木倉の構法は、丸木によるあぜ倉組か、丸木による柱や梁等による構造か確証はない。しかし一般にはあぜ倉組とする意見が多い(4)。丸木によるあぜ倉組が原始的な構造でもあり、かつ世界各地に広く分布していること(5)からこの見解は妥当とされよう。平面が正方形に近いことはあぜ倉組にとって力学上有利な形でもあり、あぜ倉組と考える一つの根拠とみられる。

以上の分析から、丸木倉とは丸木によるあぜ倉組で、一般には小規模で初期の正倉として穎用に使用されたが、後にはあまり使用されなくなったとみられる。

二　甲倉

甲倉に関する最古の文献は、養老七年(七二三)の籾穀帳[6]である。その後一三年を経た伊予国正税帳以降、東大寺検損色帳長元八年（一〇三五）、新猿楽記（一〇五八〜一〇六四頃）にいたるまで幾多の文献が残されている。またそれに関連した名称も、初期のものでは構木倉[7]・格倉[8]等音の類似した用法がみられ、やがて甲の字に統一されつつ他の要素と複合され、甲倉の他、双甲倉[9]・甲双倉[10]・板甲倉[11]・甲小居倉[12]・亀甲倉[13]・甲双子倉[14]・甲蔵[15]・甲稲蔵[15]等変化に富んでいく。

正倉に占める甲倉の比率についての史料は乏しいが、和泉監正税帳では二七棟中三棟（一四％）であり、上野国交替帳では郡倉で一四五棟中一五棟（一〇％程度）である。大略一〜二割程度とみられよう[16]。

甲倉の使用例をみると、穀倉が和泉監正税帳では三例中二例あり、一例は頴倉である。また伊予国の例では全部頴倉となっているが、これは史料の特殊な性格によるものである[17]。さて甲の意味には、

図14　正倉院宝庫南倉　外観。古代の甲倉を偲ばせる。南北倉は甲あぜ倉。

① よろいの意味で壁体の外形にもとづく[18]。
② あぜ木が六角形だから亀甲倉と呼ばれ、略して甲倉となった[18]。
③ 甲は第一という意味で、整備せる構法の倉の美称である[19]。
④ 大面取りの三角木が第一級だから甲倉とした[20]。

等の諸説が発表されている。この中で一般に有力とみられている②、④の見解では、甲倉は特殊な六角形の断面のあぜ木を持つあぜ倉に限定される。また①、③の意見は必ずしも六角形のあぜ木を持つものとは限らないが、この見解を否定するものではない。

図15　正倉院宝庫中倉外観　中倉は板倉

そこで一応甲倉は特殊な断面形状のあぜ木を持つあぜ倉、すなわち甲あぜ倉（校倉）とみて差し支えない。

この特殊なあぜ木の形状は日本だけにみられるものであり、その理由に関して次の諸説が発表されている。

A　防湿乾燥を目的とする説

「甲あぜ木膨縮防湿説」、あぜ木は乾期に収縮し、間隙から通風を助け、蔵品が乾燥する。湿期には、あぜ木が膨張してすきまが閉ざされ通風が止まり外界の湿気を導かないという説で、一時世間に流布されたが倉内気象観測の結果否定された[21]。しかし否定の根拠となった観測結果で、一桝によるもの[22]と永田によるもの[23]との間には、通気性についてかなり相違がみられる。また今迄は宝庫としての立場、ならびに老朽した建物について観測がなされているが、これからは穀倉としての立場、あるいは建設当初の姿を想定して分析する必要があろう。

「甲あぜ木水切り役説」、外面を三角形に斜面としたのは水切りのためで、雨水の停滞を防ぐためという説[24]である。しかし単に水切りのためならば、更に効率のよい他の形状による解決法も考えられるので[25]、これが主要目的とは考えられない。

「甲あぜ木乾燥促進説」、甲あぜ木の形状は外気に触れる面積が広く、あぜ木の乾燥を速めるという説[25]と、上下材の接触部分の面積が小さいことが乾燥を促進させるという説の二つがある。共に合理的な意見と思われる。

B　耐力壁を目的とする説

「甲あぜ木穀倉耐圧壁説」、穀倉の壁圧に耐える断面強度を意図したとする説[26]である。本説は甲あぜ倉発生にあたって穀倉の果たした重要性について注目している点優れた意見ではあるが、それ以前の稲倉の構造をふまえた発生事情から考察する必要があろう。

表16　古代校倉甲あぜ木頂角表

事　例	頂角（度）
手向山神社宝庫	64
東大寺勧学院経庫	60
東大寺法華堂経庫	56
教王護国寺宝蔵	52
唐招提寺宝蔵	51
東大寺本坊宝庫	50
正倉院宝庫	50
唐招提寺経蔵	46

C　生産条件に基づくとする説

「甲あぜ木丸木六つ割取説」、丸木を放射状に六つ割り、すなわち年輪の方向と、直角の方向に割られた材の稜角を落とせば甲あぜ木に近い形を生ずるという説である[26]。

なお本説に類似したものとして「丸木半割り説」がある[27]。

古代校倉にみられる甲あぜ木の外部に傾斜した面のなす角度は、表16[28]に示したようにばらつきがあり、材を六つ割りにした場合の理論値の60度とは必ずしも一致しない場合が多い。次に甲あぜ木端部にみられる年輪から判断すると、心持ち材の使用が多くみられる。

特に唐招提寺経蔵はほとんどが心持ち材である。さらに当時の生産事情を考慮すれば、たとえば正倉院宝庫のような大きな校倉を六つ割り材でつくることは技術的な困難さと材料面の制約が存したに違いない。以上の観点からみて、六つ割り材使用の可能性は否定できないにしても、現存校倉の甲あぜ木の大部分は、他の方法によって作り出されたものと考えられよう。

D　装飾を目的とする説

「甲あぜ木装飾説」、中国漢代の横連子様の装飾法が校倉の壁に影響したとする説で、壁の外側に山形の付加が、単調になりがちの壁に、凹凸の水平線を強調することになったという。[29] 本説は奈良時代後半以降、甲あぜ倉がある程度実用性を離れ、宝庫化した後には妥当といえようが、形式の発生段階ではあぜ木の形状には実用的な機能を有していたと考えるべきではなかろうか。

以上の諸説はいずれも甲あぜ倉を宝庫の観点から考察するきらいがあった。しかし正倉の主体は穀倉にあったわけで、その観点からしかもその発生事情を踏まえて改めて考察する必要があろう。それについては後説する。以上の分析から甲倉とは、甲あぜ倉で、規模は板倉に準じ、高さが高く、初期には主として穀倉に用いられたが、正倉に占める比率は減少していく傾向がみられる。

三　板倉

奈良時代は建築用材に大材が得易く、板には厚さが二～四寸（六～一二センチ）といった今日では板とは呼ばないようなものもあったことが知られている。[30] 恐らく板を、幅に比し厚さの小さい材とすることにより、大材では

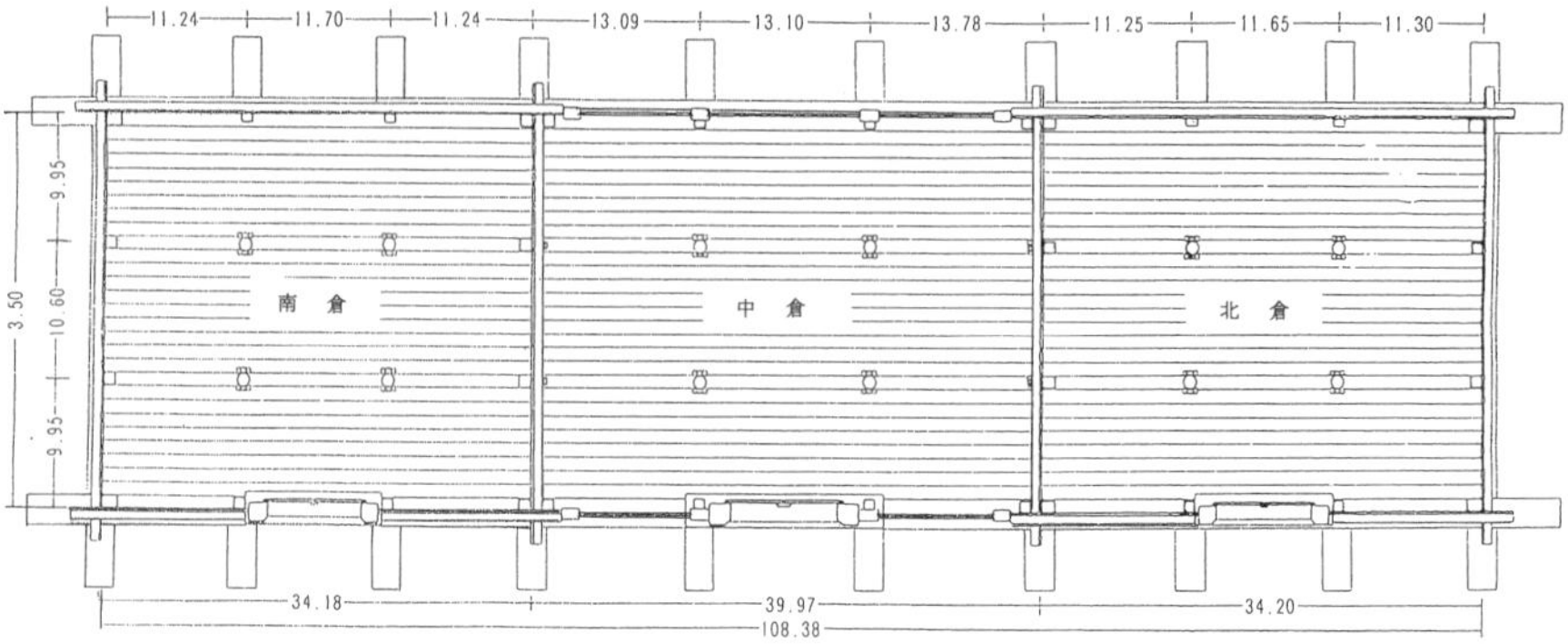

図16　正倉院宝庫 平面図（浅野清『奈良時代建築の研究』1969　P.213、中央公論美術出版より）

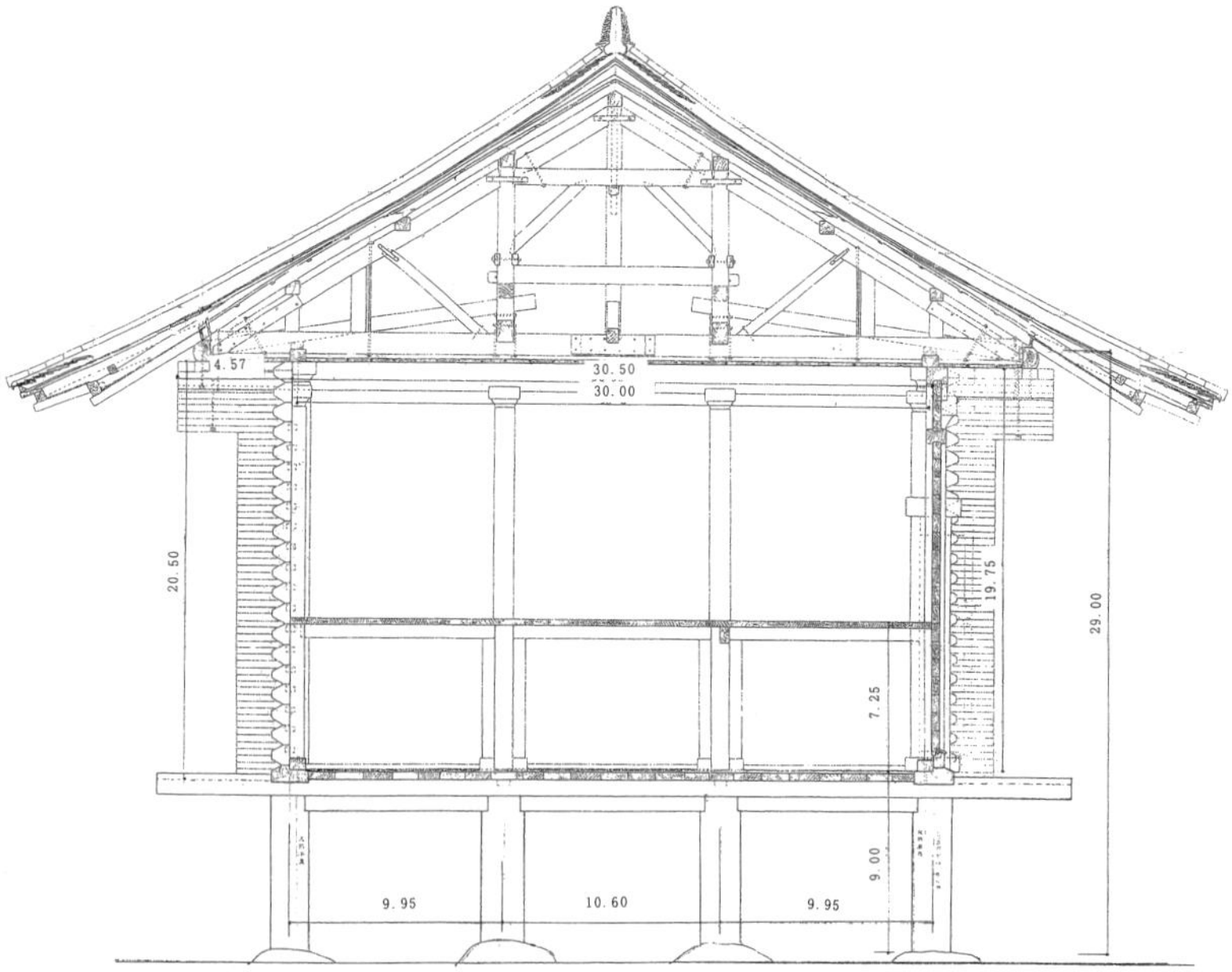

図17　正倉院宝庫　断面図（『新建築』1959.3　新建築社より）小屋組は明治に改造されている。

図18　自玉手祭来酒解神社神輿庫　鎌倉時代

図19　春日大社本社板倉　江戸時代、西側だけが板あぜ倉、他は横はめ板方式板倉。

図20　春日大社本社板蔵　東側立面図　西方だけ板あぜ倉、他は横はめ板方式による板倉。江戸時代寛永九年（1632）（『重文春日大社本社板蔵他２棟修理工事報告書』1972より）

図21　春日大社本社板蔵　西側立面図　板あぜ倉。（『重文春日大社本社板蔵他２棟修理工事報告書』1972より）

相当厚いものでも、板とみなし、厚さについての規定は別になかったのではあるまいか。板の採取は古くは主としてくさび割りの方法によった。薄板はくさび割りした板を、さらに労力をかけて削りあげるという余分の工程さえ必要としたようである。薄板の採取に便利な大鋸《おが》が用いられるようになったのは、室町時代になってからのことである[31]。

正倉として板倉が使用された記録のあるのは、天平年間の正税帳からで、和泉監正税帳では正倉三七例中の一二例（三二%）を占めている。これに対し越中国交替帳では五九例中二九例（四九%）で、屋を除外すれば正倉のほとんどが板倉であった。さらに上野国交替帳では一五二例中六一例（四一%）とやや減少をみた。以上例は少ないが、これからうかがえることは、板倉が全期を通じて数において正倉の主体であり、かつ細見すると初期・後期よりも中期においてその最盛期があったようにみられることである。板倉の規模は、前述したように概して大きく、しかも奈良時代よりも平安時代のものが大きいことが注目される。

板倉の利用は多様であり、なかでも穀倉とくに不動倉として多数用いられている。

さて板倉の構造は、丸木倉が丸木を壁体とする倉であるのと同様に、壁体が板である構造とみることが妥当であろう。板倉の構法については次の二つの見解がある。

A　**板倉は厚板によるあぜ倉組の構造である**[32]。

B　**板倉は厚板を柱の溝に落とし込んだ横はめ板方式**[33]**の構造である**[34]。

厚板によるあぜ倉でも、丸木を多少加工した程度の角材により近いようなものでは、甲あぜ倉と比べて高い技術は要しないとみられるが、精度の高いものを作る場合の加工技術には格段の差があったとみられる。しかもあぜ倉組なので大きい倉を造るには、当然長大かつ精巧な板材を必要とした。一方横はめ板方式による板倉の構法は、現存の正倉院宝庫の中倉にもみられる方式であり、古い例では恐らく埴輪家の主屋や倉等にも[35]使用された工法と考えられる。この構法では壁体を構成する板材は柱によって支えられるので、比較的短小のものでもよかったが、反面柱梁などの架構は丈夫に造る必要があった。

古代の文献にみられる板倉が、板あぜ倉か、横はめ板方式の板倉か、いずれとも決定し難いが、次の理由から

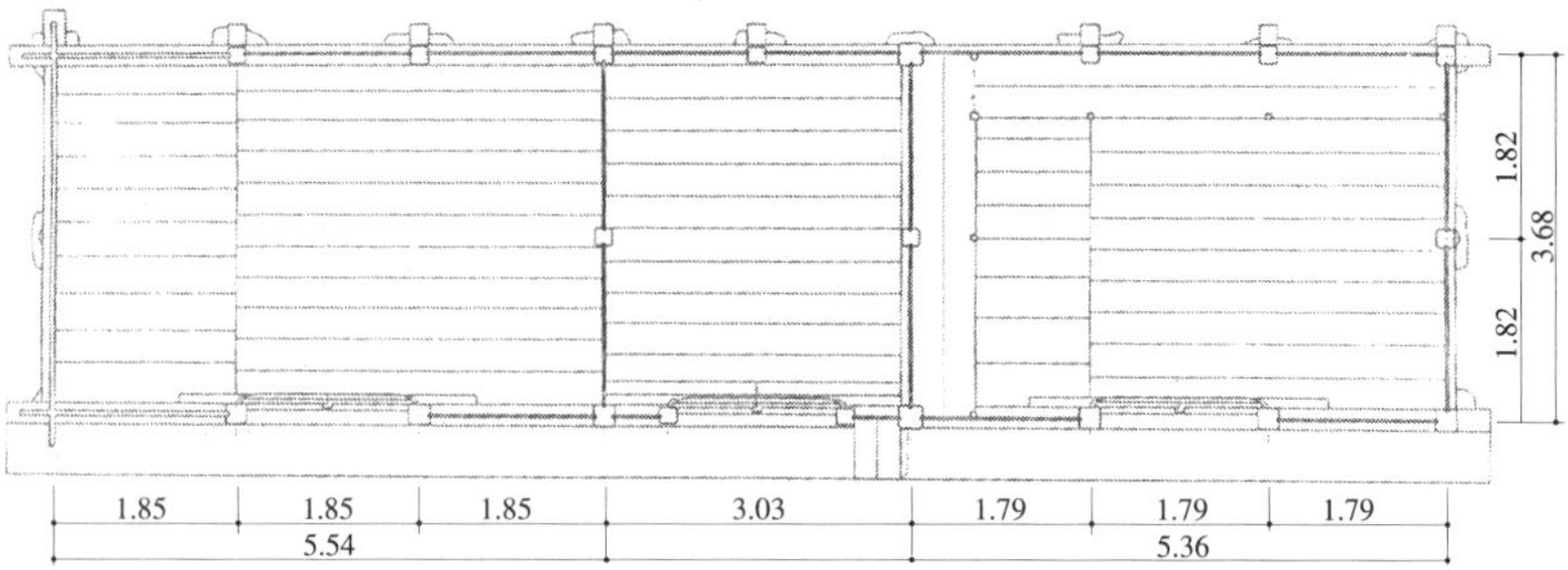

図22　春日大社本社板蔵　平面図（『春日大社本社板蔵他2棟修理工事報告書』1972より）

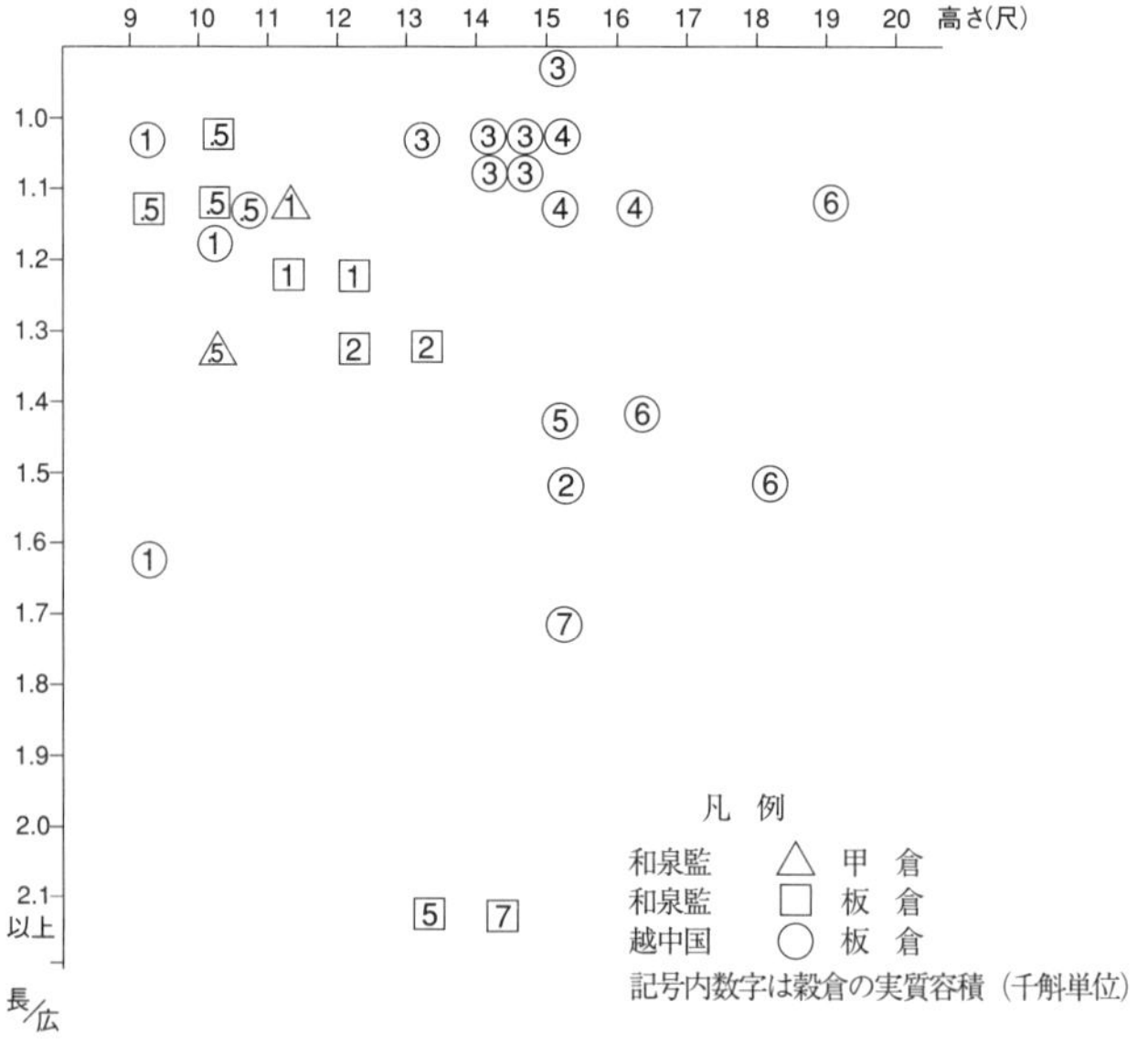

図23　穀倉の長さ／広さと高さの関係

恐らく横はめ板方式の板倉と推定されよう。

① 古代中期以降の文献に、板甲倉[11]・板あぜ倉[36]の名称が板倉と併列して記載されている。この事実から板倉と板あぜ倉とは別の構造形式をとるものであることが推定される。

② 甲倉と板倉とは数的規模・形態が近似してはいるが、詳細に検討すると次のような例がみられる。和泉監正税帳と越中国交替帳にある穀倉から（参照表3）、横軸に倉高、縦軸に長さ／広さをとり、その交点上に実質容積に基づいた斛高を記入したのが図23である。

これによると和泉では容積が二〇〇～二、〇〇〇斛と、五、〇〇〇～七、〇〇〇斛との二群があり、前者では長さ／広さが一・一～一・四の範囲にまとまり、後者では三以上となっている。倉高はすべて一〇～一五尺の範囲にあって低い。次に越中では一般に容積が大きいものが多く、四、〇〇〇斛までは長さ／広さは一に近く、高さは一四～一七尺の範囲にまとまっているのに対し、五、〇〇〇斛以上では高さではあまり差がなく、長さ／広さでは一・五～一・八と大きくなっている。

このように穀倉の容積拡大の手段として、和泉監・越中国との間には時代の進展による高さの増加が認められるが、それぞれの時代においては高さの増加には限界があり、長さの拡大への転換がみられる。この理由は板倉の構造は長さ／広さの拡大が技術的に比較的容易であったためと考えられ、このことは高さの拡大が容易で、長さの拡張が困難とみられるあぜ倉組では考えられない[37]。

③ 和泉監正税帳にみられる法倉は、長大な倉で塞が一つしかなかったことから、入口は一つで、内部の間仕

切りはなかったとみられる。これがもし板あぜ倉ならば桁行の長い長方形の平面は恐らく双倉や三つ倉等の連倉形式となり、当然つなぎのための間仕切りや、あるいは入口が二つ以上つくと考えられるが、そうではないので横はめ方式とみられる。

以上の分析から板倉は、横はめ板方式板倉で、規模は概して大きく、正倉の主体として古代を通じてみられるが、特に中期において盛行した。用途としては不動穀倉を中心として用いられた。

四　土倉

土倉に関する最古の史料は、駿河国正税帳天平十年（七三八）と、法隆寺流記資財帳天平十九年（七四七）である。以後正倉としての土倉の存在は明確ではないが、上野国交替帳長元三〜四年（一〇三〇〜三一）では多数の土倉の存在が知られる。なお貞観交替式には土屋の名称(38)があり、類似の構造とみられる。土倉の規模を示す史料はない。

土倉の構造は甲倉などの場合から推測すると、壁体が土によって構成されたものとみられるが、ただ具体的には明らかでない。恐らく近世以降の土蔵とはまた違ったものであっただろう。古代の土倉は、たとえば法隆寺綱封蔵のような外部から柱がみえる真壁形式のものかも知れないし、また貞観交替式の史料(38)から推察できるような、防火の手法として甲倉や板倉の表面に壁土を塗ったものかも知れない。ただ倉の名が付くことから考えると高床形式であったとみられる。(39)それに対して土屋とか、豊後国正税帳天平九年（七三七）にみえる塗壁屋は恐らく同類のもので、屋であるから高床形式ではなく、(39)土倉とは区別されたように考えられる。この構造は外壁が壁土で軒下から地面まで覆われていたのであろう。一〇世紀の中頃に成立した「大和物語」に土屋ぐらの名称がみえるが、[40]これは外観は土屋の形態に近かったので名付けられたのではあるまいか。なお延暦年間の官符が、土屋と土倉との名称に対して注意を欠くことが[38]想起され、これは一者間の区別が消失しつつあったことに起因するのではなかろうか。土倉が防火上の見地から外観上は土屋に似た形態に近づいていく過程にあったからとも考えられよう。

正倉における土倉の存在は、前述したように史料が極めて限られており、また構造別にみた土倉の比率でも駿河国では全体の三％に過ぎない。土倉は正倉構造として当初は重要性を持たなかったとみられる。しかし一一世紀の史料である上野国交替帳では、郡倉で土倉が全体の五割に達する。[41]この理由として地域性の反映ともみられるが、後述するように律令体制のゆるみ、貯穀法の変化などの事情が内在したと考えるのが妥当であろう。以上の分析から土倉が正倉に占める比率は小さいが、末期においては相当の位置を占めたとみられる。

第二節　正倉に準じて使用された施設の構造に関する名称と特徴

一　倉庫と高床形式との関係

倉庫を主要目的とした建物に高床形式の例が相当数あることは、過去および現在を通じて世界的に認められている。[42]日本では弥生時代の登呂・山木遺跡において、高床式倉庫のものとみられる鼠返しや梯子、また古墳時代後期のものとみられる和歌山県六十谷出土の高床式家型壺[43]などの遺物によって、また文献では垂仁天皇紀にみられる石上神庫の諺[44]などによって、高床形式の倉庫の存在がほぼ確認されている。古代倉庫の遺構等につい

図24　法隆寺綱封蔵　外観、中央部を中空とした双倉、奈良時代

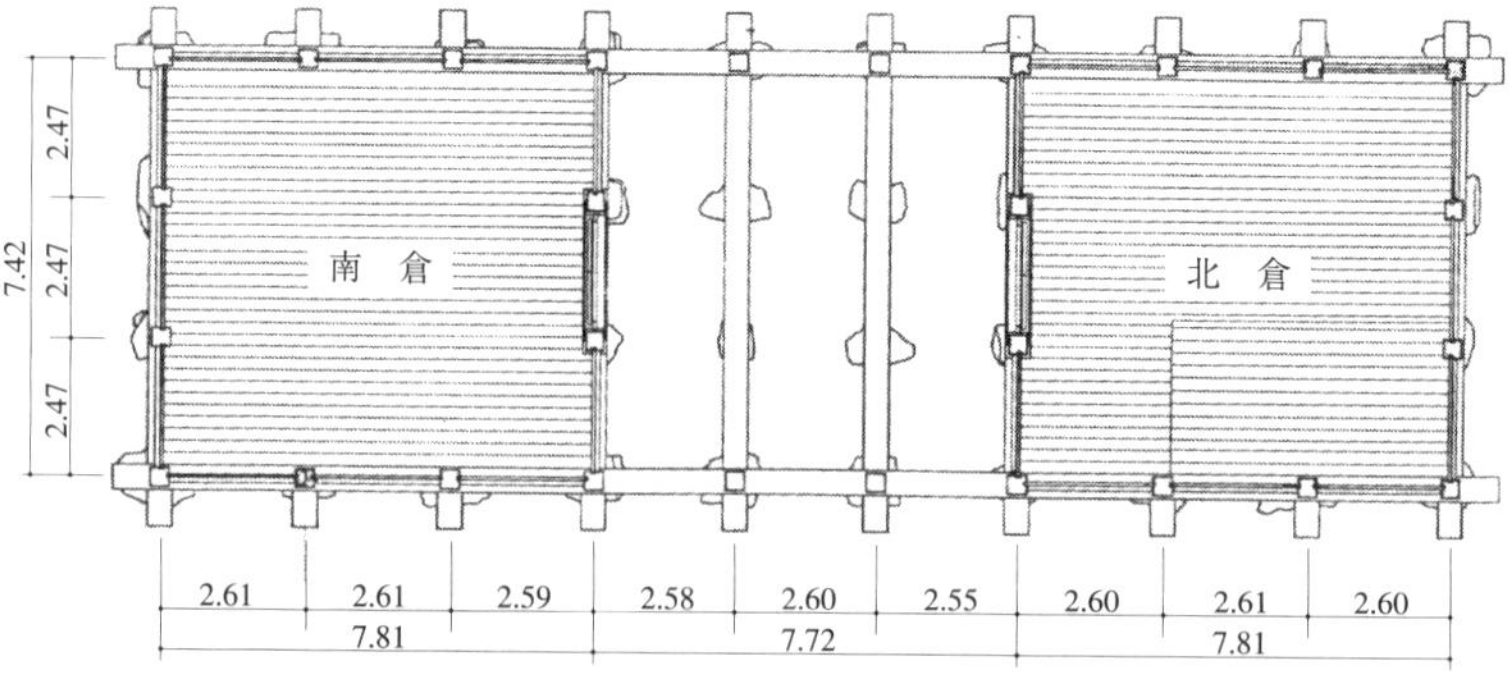

図25　法隆寺綱封蔵　平面図（『重文法隆寺綱封蔵修理工事報告書』1966より）

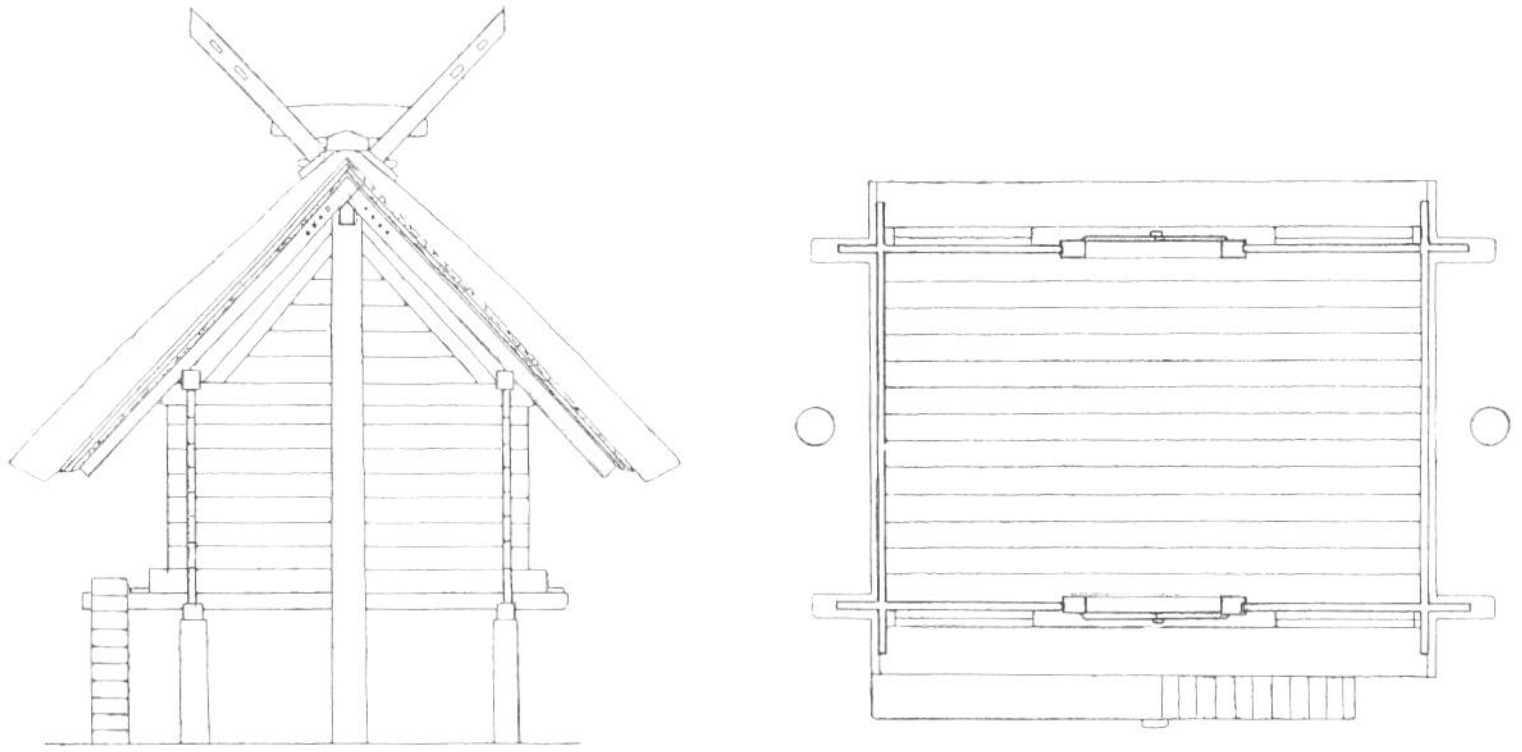

図26　伊勢神宮外宮御饌殿立面図・平面図、外宮に残る古い形式を伝える板倉。（福山敏男『伊勢神宮に関する史的調査』1940より）

図27　春日大社宝庫　板倉、室町時代（1385～88）

ても現存する正倉院宝庫をはじめとする七棟の校倉、[45] 法隆寺綱封蔵がすべて高床形式であることや、また当時の形式を伝えるとみられる伊勢神宮外宮御饌殿や、春日大社宝庫などが高床形式であることによって、古代の倉庫とくに正倉の主体が高床形式であったことが推定される。恐らく当時は倉といえば高床形式を指し、[46] それ以外の形式に関しては、屋とか倉下などの名称によって区別したのではあるまいか。

倉庫が高床形式をとった理由として、稲穀倉では防鼠等の害虫獣を避ける意味と、保蔵を乾燥状態で行う目的とが中心をなしていたと考えられる。

しかし収納貯蔵施設として倉以外の施設があったことは文献に示されており、以下、それらの正倉に準ずる施設について、その使用例および構造について分析を行う。

二　高床形式以外の収納貯蔵施設の構造に関する名称と特徴

A　屋

正倉に準ずる施設として記載されている屋の数は、正税帳によると全体の一割程度を占めるに過ぎない。[47] 保管物は主に出挙用等の頴稲であり、[48] 穀を貯蔵する例もあるが動用穀だけであり、またそのなかには借屋が多くみられたことから考察すると、[49] 原則的には屋は頴稲保管の施設であったといえよう。屋はまた住家や厨・碓屋等にも使用されていた。寺院に所属する庄の例では、施設として屋と倉がみられた。[50]

屋の構造については、壁体が塗壁等のあまり堅固でないと推定される例があり、[51] また板敷きと注記のある資料でそれを欠くのは土間であったとみられる。[52]

以上から判断すると屋は高床とは考えられない。恐らく土間、もしくは低床の建物であり、とくに倉庫として使われる場合の屋は、倉より一段格の低い建物といえよう。

B　倉下

正倉としての倉下は、越前(七三〇)、尾張(七三四)、周防(七三八)の正税帳にのみ存在し、用途は穎用が中心とみられるが、穀を収納した例もある。しかしいずれも寸法の記載がないので、建築の実態は明確でない。

この倉下の語義について史学者による論争があった。

薗田香融が「倉下考」(53)において、高床倉庫の床下で出挙用の穎稲収納場所と解釈したのに対し、村尾次郎は、「古代倉庫の構造と管理、倉下とは何か」(54)において、床下説を否定し、倉下には倉の下(もと)とみなされる場合と、倉下屋(くらおろしや)の意味にとれる場合があること。後者は随時出用し得る資財の貯蔵場所である倉代屋の旧名称で、双倉の中空間ではあるまいかとされた。更に直木孝次郎は「倉下の語義」(55)において倉の床下説に否定できぬ面のあること、倉下屋という語の用例が史料にみられぬことを難点とされた。その後宮原武夫は「倉下と出挙」(56)において、観心寺の倉下にくるるがついていたという史料(57)から、倉下は高床倉庫の床下に増築してできた二階建倉庫の一階の部分であることを主張された。直木もこれを支持している(55)。

しかしながら高床式倉庫の下を利用して倉下を造ったという説に対しては、高床式倉庫の柱脚には古代では貫《ぬき》がなく、そこを囲うことは建築技術上からみてそうたやすいことではなかったとみられる(58)。また税帳には倉下と屋とは、はっきり区別して記載している。このことからみると倉下屋説にも同意しにくい。恐らく倉下の中には床の低い倉(59)を指す場合があったのではなかろうか。その場合屋とは違って壁体は堅固であり、また寸法記載の例が全くないので、推定の域にとどまるが、細長い倉代屋とは違った平面を有していたのかも知れない。

C　倉代

倉代の語義は、「代」の当時における用法等[60]から判断して、倉として用いる建物を意味するとみられる。倉代の史料は正税帳にはないが、他に具体的な記載がある。

まず倉代には穀びつのような容器状のものがあった。広隆寺資財帳には政所に穀二〇石と九石入りの二合[61]があり、観心寺資財帳には大衆院にやはり二合あった[57]。

次に倉代屋・倉代殿のように、屋・殿の名称を付けて使用される場合があった。倉代屋は大嘗会の斎場で使うもので、平面図が復原されている[62]。また倉代殿は東大寺要録の大庁にあって、七間の建物である[63]。いずれも細長い建物である[64]。

倉代は他の史料でも細長い建物である場合が多い。すなわち西大寺資財流記帳には寸法の記載があり、東南角院に長さ五〇尺、広さ一六尺五寸、食堂院に二棟、いずれも長さ　五〇尺に広さ二〇尺、正倉院のは板倉代で長さ四〇尺、広さ一八尺、高さ八尺である。また興福寺流記では食堂院の一棟が、長さ九尺間で九間、広さ二〇尺、高さ十四尺の記載がある。なお大江公仲処分状案にみえる倉代も三間一字と細長いものであった[65]。

このように細長い倉代では内部に区画があったようである。東大寺関係の倉代では、東西方向に棟があり、西端・中間・東端の三区画を有する建物であった[59]。

この倉代には前述したように穀びつの他、資財が入っていた例[66]や、楽具や高級な舗設の類が納めてあった例もある[59]。

倉代の材料には板が使われた。すなわち『造仏所作物帳断簡[67]』に「倉代壁板二四枚」とある。また『今昔物語四』に「厚き板をもって倉代をつくり、めぐりを強く固め、倉代に入居って戸を強くとじ」とある。他に前述した板倉代の名もみえる。

なお平城京跡からは、天平末期頃の遺跡が発掘されており、そのなかに倉代屋とみられるものがある。この遺跡は六三尺に二〇尺の平面で桁行七間、梁行二間のもので、掘立だから床高はわからないが、内部に棚か床を支えたとみられる小柱穴が存在することから、高床形式ではなかったと推察される。(68)

以上の史料から判断すると、古代における倉代は、平面は原則的に細長く、高床ではなく、壁体は恐らく横はめ板方式のものと考えられるが、板あぜ倉の場合もあったかも知れない。

三　高床形式以外の倉庫施設の機能と性格

以上述べた屋・倉下・倉代の施設に共通する点は、高床形式でないことによって推測されるように、倉とは違った機能と性格を持つことである。高床でない故に当然建築は簡便であり、また貯蔵性能において倉より一段劣ることは明らかであるが、反面出納などの作業が容易であるという長所も生じた。それで村尾次郎が述べているように「本倉から出下された物品が直接受給者に渡る中間において一時収納される場所」(69)という機能を持つようにもなったとみられる。この点倉庫建築としては第二義的なものといえようが、たとえば不動倉にみられる厳しい管理を維持するためには、これらの施設が補助的な役割を果したわけで、当時の正倉の組織にとっては、必ずしも軽視できないものであった。

注

(1)『大言海』冨山房、一九三五年。

(2) 以下上野国交替帳と略称する。竹内理三「郡衙の構造」『史淵』五〇号、一九五二。参照。
(3) 『大日本史料V』仁治二年六月一日。
(4) 足立　康「校倉について」『建築史』一の六号、一九三九年十一月。村田治郎「正倉院の建築」『正倉院文化』一九四八年。参照。
(5) 村田治郎「東洋建築系統史論」『建築雑誌』一九三一年。
(6) 『大日本古文書二』三二七頁。
(7) 「薩摩国正税帳」(七三六年)『寧楽遺文上』。
(8) 「越前国正税帳」(七三一年)『寧楽遺文上』。
(9) 「摂津職美努郷券」(七六〇年)『寧楽遺文中』六四八頁。
(10) 「西大寺資財流記帳」(七八〇年)『寧楽遺文中』。「興福寺流記」『大日本仏教全書』一二三巻。
(11) 「西大寺資財流記帳」三九九頁。
(12) 「広隆寺資財交替実録帳」(八八七年)『平安遺文』一七五文書。
(13) 「筑前国観音寺資財帳」(九〇五年)『平安遺文』一九四文書。
(14) 「神護寺実録帳写」(九三一年)『平安遺文』二三七文書。
(15) 「東大寺検損色帳」(一〇三五年)『平安遺文』五五一文書。
(16) 例外として西大寺正倉院があり、一五棟中六棟(四〇%)が甲倉である。
(17) 薗田香融「伊予国正税帳について」『古代文化』五号、一九五七年、参照。なお「薩摩国正税帳」では構木倉が頴倉にも使われている。
(18) 竹島　寛「古寺院の僧坊および雑舎」『歴史地理』四九の二号一九二七年。
(19) 足立　康「校倉について」『建築史』一の六号。
(20) 村田治郎「甲倉という名称の解釈」『史跡と美術』二二三号、一九五二年七月。
(21) 山本栄吾「校木の防縮に拠る防湿説について」『芸林』一二の二号、一九五五年。
(22) 一桝悦三郎「奈良における校倉建築内の温湿度」『建築雑誌』六一八号、一九三六年十月。「美術品の保存と校倉」『画説』五八号。
(23) 永田四郎「堂内気象の観測、その三校倉」『奈良学芸大学紀要』七の二号、一九五七年。

(24) 関野　貞「正倉院の校倉」『東洋美術特輯号正倉院の研究』一九二九年、二九頁。
(25) 和田軍一「正倉院はいかにして守られたか」『書陵部紀要』七号、一九五六年六月、九六～九七頁。
(26) 福山敏男「東大寺の諸倉と正倉院宝庫」『日本建築史研究』墨水書房、一九六八年。
(27) 石田茂作『校倉の研究』便利堂、一九五一年、八七頁。
(28) 表16は次の資料によった。田中重久「正倉院勅封蔵式建築の研究六」『史跡と美術』二二四号、一九五二年八月、二二五頁。
(29) 村田治郎「正倉院の建築」『学芸』四の八号、一九四七年、三一頁。
(30) 福山敏男「日本建築史古代」『建築学大系四』彰国社、一九五七年、一二五頁。
(31) 太田博太郎「日本建築史中世」『建築学大系四』彰国社、一九五七年、一二九頁。
(32) この見解には、岸熊吉「正倉院の建築について」『寧楽』十二号、一九二九年、五三頁。田中重久「正倉院勅封蔵式建築の研究」『史跡と美術』二一九号、二〇頁などがある。これに対して足立 康は前掲の論文「校倉について」で否定的見解を発表されている。
(33) 横はめ板式という表現は公認のものでなく仮称である。柱間にみぞを切り、その間に横板を落とし込んだ方式である。正倉院宝庫中倉もこの形式である。中世では「さくりはめ」ともいう。杉山信三「古代住居跡大材の技法」『考古学講座二通論下』雄山閣、一九七〇年、一七一頁、参照。
(34) 阪谷良之進「帝室博物館の校倉をかたる」『画説』三六号、一九三九年一一月。ここではあぜ倉組と共に、この形式の存在について言及している。
(35) 後藤守一「上野国佐波郡赤堀村今井茶臼山古墳」『帝室博物館学報六』一九三三年。
(36) 「宇治院資財帳」(八六一)『平安遺文』一二三文書。
(37) 比較的薄板による板あぜ倉の場合には、当然高さの限界による影響は考えられる。
(38) 「貞観交替式」『国史大系』三〇～三一頁。
(39) この点については次節で詳説する。
(40) 「大和物語下」『群書類従』第一七輯。
(41) 丸茂武重「国府郡家の建物」『國學院雑誌』六九の九号、一九六一年、七八頁、参照。
(42) 村田治郎「正倉院の建築」『正倉院文化』一九四八年、一四頁。「東洋建築系統史論」、参照。

(43)後藤守一「須恵器家の新発見」『考古学雑誌』一七の一二号、一九二七年。
(44)『日本書紀』垂仁天皇紀。
(45)表16参照。
(46)例えば沖縄や奄美大島では高倉と呼ばず単に倉と呼んでいた。野村孝文『南西諸島の民家』相模書房、一九六一年、二四五頁、参照。
(47)天平年間の『諸国正税帳』において、屋倉について全体数のわかる四か国について、正倉全体に占める屋の比率は、越前・駿河では一二%・周防六%・長門一%である。
(48)頴稲のみの場合として、和泉、周防、駿河がある。
(49)越前では頴用八〇%、穀用二〇%で、屋のうち借屋は七一%を占める。駿河では頴用七三%、穀用二七%で、屋は全部借屋。
(50)法隆寺伽藍縁起并流記資財帳(七四七)には、一つの庄について平均倉が二棟、屋が三棟あった。また大安寺伽藍縁起資財帳では、一つの庄に倉一・五棟、屋二棟あった。
(51)豊後国正税帳には塗壁屋、草屋の記載がある。草屋の草は屋根葺き材でなく壁材ではなかろうか。なお関野克「古文書による奈良時代住宅建築の研究」『日本建築学会大会論文集』一九三七年三月、一九一頁にも土屋の存在をのべている。
(52)土屋の名称が賀茂別雷神神社に残る。土間の建物である。
(53)薗田香融「倉下考」『史泉』六号、一九五七年。
(54)村尾次郎「古代倉庫の構造と管理」『日本上古史研究』二の九号、一九五七年。『律令財政史の研究』所載。
(55)直木孝次郎「倉下の語義」『奈良時代史の諸問題』塙書房、一九六八年。
(56)宮原武夫「倉下と出挙」『日本上古史研究』五の七号、一九六一年七月。
(57)「河内国観心寺縁起資財帳」『平安遺文』一七四文書。
(58)直木氏著書掲載写真、床下の囲われた談山神社神庫は、桃山時代のものである。今では古代に貫がないとはいえなくなっている。
(59)福山敏男「東大寺の諸倉と正倉院宝庫」、『日本建築史研究』墨水書房、三五五頁。
(60)津田左右吉「上代の部の研究」『津田左右吉全集三』岩波書店、六九頁。
(61)二〇石入りは立方体とみると約三・八尺立方であり、小規模のものである。

（62）裏松固禅「大内裏図考証」。関野克「貞観儀式大嘗宮の建築」『建築史』一の一・二、一九三九年。
（63）『東大寺要録巻四』。
（64）これは殿、屋などの建物を、倉として仮に使う場合があったのかも知れない。
（65）『平安遺文』一三三八・一七六一文書。
（66）『日本後記』天長十年（八三三）
（67）福山敏男「奈良時代における興福寺西金堂の造営」『日本建築史の研究』桑名文星堂、一九四三年、九三頁参照。
（68）『平城京跡発掘調査報告四』一九六六年、四八～四九頁。
（69）村尾次郎『律令財政史の研究』吉川弘文館、一四七頁。

第三節　正倉建築における構造の変遷

一　あぜ倉以前の稲倉

弥生時代における稲穀の貯蔵は、壺型土器や土壙に収納した例もみられるが、遺物や遺跡から高床家屋の存在が知られ、その中には稲倉があった。

伝讃岐出土銅鐸および唐古遺跡出土土器(1)に描かれた高床家屋は、切妻型の屋根を持つ柱による架構であり、妻には棟持柱と入口とを有しており、稲倉と考えられたが、確証はなかった。高床家屋の稲倉が立証されたのは登呂(2)・山木遺跡(3)の発掘であった。とりわけ山木からは柱脚にネズミ返しが取付けられた状態で出土し(3)、倉庫の存在を裏付けた。両遺跡の遺物から推測される稲倉は、比較的細い材を柱や梁として緊結等の方法により架構を

図28　登呂遺跡復原倉庫　あぜ倉以前の稲倉。

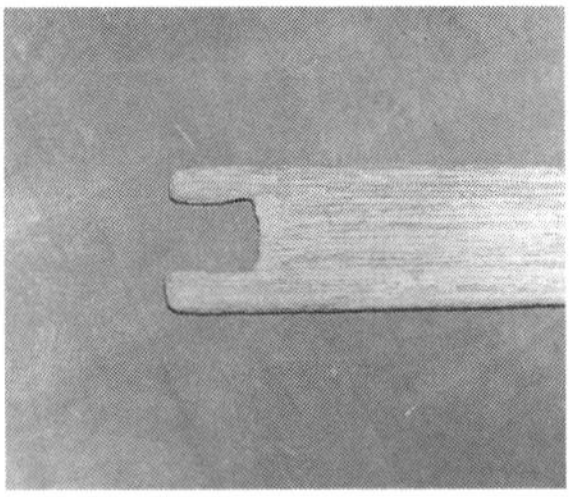

図29　登呂遺跡発掘の壁部材

つくり、壁体は薄板を井桁に組んだ構造である。井桁に組まれた板材の加工状態については、発掘記録者によって相違がみられ、材端に凹形と凸形とがあったという説(4)と、凹形のみという説(5)とがある。しかしいずれにせよ材端部を加工し、ほぞをつくって差し込んで組み合わす方式であった。この観点によると、この壁体構造はあぜ倉組ではなく、せいろう組み(6)と称すべきものであった。

　この登呂・山木にみられるせいろう組みの倉は、杉のような加工しやすい材を縦に割り取った薄板材を利用し、ほぞやほぞ穴によって組立てられたものであり、また架構全体についても比較的小規模の労働組織でも結集する

図30　埴輪家（板壁）三重県石山古墳出土、壁面から大材による工法と推定される。（『伊勢と出雲』渡辺保忠　1964　平凡社より）

ことによって作り出せるものであった。

せいろう組みの方法には、いくつかの種類があった。たとえばほぞとほぞ穴とによる組合わせは、倉のほか漢代の木棺や、日本の古墳時代の木棺にみられる。また木棺を模造した組合わせ式石棺は、接合法をほぞ穴から小穴[7]に変えながら五世紀頃盛行した。[8]他に井戸枠でも七世紀以降、ほぞとほぞ穴とによる方式が普及したらしい。[9]このように弥生から古墳時代にかけて、せいろう組の構法は一般化していたとみられる。木棺・石棺、あるいは地下に埋められる井戸枠では、せいろう組の欠点である内側からの圧力に弱いこと[10]はあまり問題にならなかった。また稲倉では容積に比して軽量といえる穎稲を収蔵したので荷重はそう大きくはならなかった。しかし登呂などでみられる建物の四周に添えられた柱は、屋根の荷重だけではなく、せいろう組の壁体にかかる圧力を支える目的をも持っていたとみられる。

弥生時代の細材を使って、緊結・ほぞ差、せいろう組等による結合方式を用いた稲倉に対して、古墳時代になると新しい形式の稲倉が出現した。これは三～四世紀のものと推定される奈良県佐味田古墳出土の家屋文鏡にみられる切妻造家屋、[11]ならびに四～五世紀のものと推定される群馬県茶臼山古墳の出土の埴輪家にみられる高床式（切妻三棟、寄棟一棟）[12]によって示される形式である。両者とも大材を使用した架構で、土居、あ

図31　高句麗のあぜ倉　吉林省麻綫溝一号墓壁画「吉林輯安麻綫溝一号壁画墓」(『考古』1964.10より)

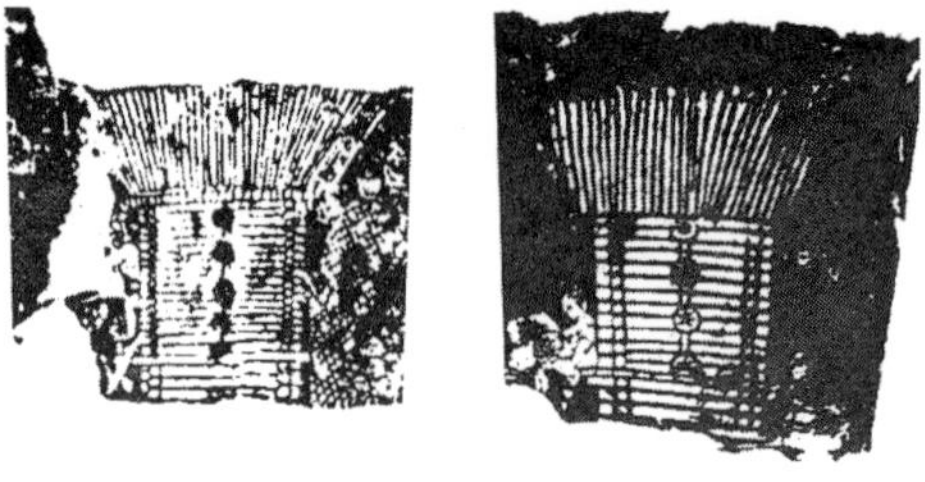

図32　漢のあぜ倉　雲南省石寨山出土銅鼓形貯貝器拓本　馮漢驥「雲南晋宁石寨山出土銅器研究」(『考古』1966.6より)

るいは台輪等の工法[13]が使用されたように見受けられる。また柱間の壁面には横線が示されており、横はめ板方式の構法とみられる。このように台輪・土居および横はめ板方式の構法は、大材から用材を採集・加工することが必要なので、高度な技術と大きな労働組織が要求され、また組立には更に高級の技術を要した。そのような事情から、当時はまだ上層階級の施設に使用される技術として存在し、一般に普及するのは遅れたとみられる。

二　あぜ倉組みの登場

A　古代日本周辺におけるあぜ倉組みの存在

現在日本周辺において、あぜ倉組み構法がみられるのは華南の貴州・雲南方面と、東北・北朝鮮・沿海州方面である。これらの地域には古代においてあぜ倉組みが存在したことは一般に認められており[14]、また遺物等によっても裏付けられている。すなわち華南の例は雲南省石寨山から発掘された漢代の銅鼓に描かれた、丸木によるあぜ倉組みで、地面から丸木を積み上げて床をつくり、壁を構成した高床形式のものである[15]。東北の例は五世紀における高句麗のもので、吉林省麻綫溝から発見された壁画にあり、高床の基盤の上にあぜ倉が二倉相接し、寄棟造りの屋根を共通に架けて建つ状態を描写している。なお平側にそれぞれ開口がみられる[16]。

その他あぜ倉組みに類似した構法を示す構築物として、墓に用いられた木槨《もっかく》がある。[17]角材を横に積み上げた点あぜ倉組みと似ているが、接合部が腐朽していることや、地下の構築物だけに外部からの土圧に耐えればよいこともあり、この構法があぜ倉組みか否か不明の点が多い。

B　あぜ倉組みの渡来

前述したように登呂等の弥生時代の遺跡からは、まだあぜ倉組みの遺構が発見されず、また古墳時代の鏡や埴輪から、あぜ倉組みを明確に描写した例は知られていない。[18]それ故当時日本には、まだあぜ倉組みはなかったと推定される。あっても構築物として主要なものではなかったと推定される。しかも八世紀にはあぜ倉組みの発達した形式である甲あぜ倉(甲倉)が存在することから、その間において日本にあぜ倉組みが輸入、あるいはそれまであったものについて相当の改良を加えたとみられる。さてこのあぜ倉組み構法が輸入されたか、日本において開発されたかを考える場合、前述したように中国においてはすでに漢代においてあぜ倉組みがみられることから、この構法が恐らく大陸から日本に渡来したと考えるのが妥当であろう。時期としては恐らく四世紀後半から五世紀にかけて日本が朝鮮から倉庫制度を輸入し、制度を整えた時期に渡来した人々によって伝えられたものではなかろうか。[19]高句麗における五世紀の遺跡に高床式のあぜ倉組みが存在した事実もこれを裏付けるものであろう。

C　渡来当時のあぜ倉組みとその影響

当初日本に渡来したあぜ倉組みは、丸木によるものとみられ、倉以外の建物にも使われた可能性もあるが、[20]中心は丸木倉であったと思われる。このあぜ倉組みとしての丸木倉は、在来のせいろう組みによる倉や、横はめ板方式の倉と比べると、柱を補強に使うこともなく、単純な渡りあご的な仕口を材に互につくり、組合わせることで、今迄の稲倉よりも規模の大きい、丈夫な倉を容易につくることができた。かくして丸木倉は、中央の倉だけではなく、地方の屯倉などの穎稲倉として次第に普及していったとみられる。後の律令時代の記録であるが、天平期の和泉監正税帳に正倉としての丸木倉の比率が高いのは、早くから開けた畿内の地に設定された屯倉の丸木倉形式による穎稲倉が、正倉として引き継がれたものであろう。こうしたあぜ倉組みの普及は、前述した大材による台輪・土居の構法を更に広く普及させる契機にもなったとみられる。

三　穀倉としての甲あぜ倉の誕生

A　穀倉としての甲倉と板倉

七世紀において備蓄拡充のために、穎倉に代わる穀倉の開発が要請され、八世紀の初頭には穀倉の中心としての不動倉が甲倉・板倉の二形式によって完成していた。さて前述したように甲倉の条件となる甲あぜ木形状の理由については発生事情を踏まえて考察する必要を強調した。特に重要な点は甲倉が単独に穀倉として用いられたのではなく、板倉も共に用いられたという事実である。すなわち甲倉と板倉、両者の異同を明確に意識しながらその発生理由を分析する必要がある。

甲倉と板倉の共通点は、共に木材で造った倉という点にあったとみられる。穀倉にあっては穀をバラ積みにする関係上、穀物自体の呼吸作用によって内部に蓄積される熱と水分とを排出させ、乾燥状態にして保蔵する必要がある。籾の貯蔵には古来土蔵よりも板倉が優れていることが慣習的に伝えられている[21]のは、かかる理由にもとづくものであろう。甲あぜ倉は板倉とは異なるが、板倉と同様木造なので、利点を共有するとみられよう。前述した甲あぜ倉の防湿性・通気性についての考察は、宝庫から穀倉への発想の転換が必要であり、それにともないあぜ木の乾燥や倉外からの湿気の進入よりも、穀の乾燥と倉内からの水分の除去が重要となり、かつ穀の満倉時における壁圧によってたわみがおこり、あぜ木間に空隙が生じ拡大する事実等を考慮することが必要となろう。

さて甲倉と板倉はいずれが先に穀倉として使われたものであろうか。横はめ板方式の板倉が古墳時代すでに存在したことは前述したが、正倉としての穀倉としてまず実用化されたのは甲あぜ倉とみられる。当時横はめ板方式板倉の技術は、規模の大きい耐力を持つ穀倉建造の目的に関しては、甲あぜ倉の場合に比してまだ技術的・生産的条件において差があったとみられる。その結果甲あぜ倉によってまず穀倉が実用化され、ついで板倉による穀倉が行われるようになり、やがて両者が交替していくという図式が描かれるのではなかろうか。その根拠として考えられるのは次のような事実がある。まず規模において丸木倉が一番小さく、甲倉がそれにつぎ、板倉が最も大きい。また天平年間の正税帳では板倉に比して甲倉が少なくなり、更に越中国交替帳でみる平安時代においては板倉だけになっている事実がある。

恐らく甲あぜ倉による穀倉が完成した時期は、七世紀で備蓄拡充が要請された時期であり、史料にもたとえば日本書紀斉明天皇紀に「大起倉庫、積聚民財」(22)（六五八年）とあり、恐らくその頃完成したものではないだろうか。

B　甲あぜ倉誕生の理由

甲あぜ木の形状は諸外国にその例をみないことから、日本で開発されたものと考える。以下甲あぜ倉の発生を穀倉としての機能、および技術的・生産的条件に基づくとする観点からのべる。

甲あぜ木の形態は一見極めて高級な技術の所産ともみられるが、反面これが丸木に近い原始的ともいえる性格を有していることに注目しなければならない。すなわち丸木の三面についてそぎ取った形態ともみられることである。この点では厚板によるあぜ木よりむしろ丸木に近い性格を持つのではなかろうか。恐らく先行した丸木によるあぜ倉組においても、次第に丸木のまま使用するのではなく、皮をはぎ、形を整えるといった改良が進んでいたとみられる。

　次に材を横に積み重ねる場合では、当時の技術で穀倉として隙間なく積み上げるには、接合部分の幅が狭い方が密着するように加工し易かったとみられる。しかも穀倉として所要強度を保ち、更に国家の正倉として、単に内壁面が平滑であるばかりでなく、正確な容積を狂いなく長期間維持できる建物が要請されたと察せられる。これらの諸条件を満足させるために、甲あぜ木は断面正方形の材(23)を基本として、精度の高い加工形態として生み出されたと判断される。すなわち古代遺構にみられる甲あぜ木は、正角材を外側の面に関して上下を切り落とした形であり、部材を正確に作成せんとする意図と努力とがうかがわれる。ただ実際の木取法は丸木から正角材をつくり、それの面をとってつくったものではなく、出来るだけ経済的に木取りを行ったとも思われる。そして割り出された材の接触面を、よきとかちょうなで削って仕上げたものとみられる。この方法は材を有効に利用し、強度を保つばかりでなく、割り取り、削り取り等の加工労力が少なくてすむ効用があったとみられる。

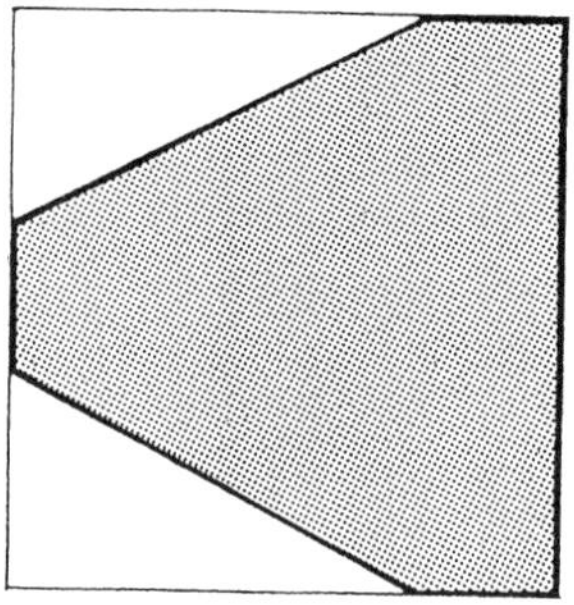

図33　正角材と甲あぜ木の関係

　こうして完成された甲あぜ木による穀倉は、丸木によるあぜ倉と比べて、精度において飛躍的向上をとげ、内面平滑で、正しく容積の算出が出来、上下材の密着性も増して隙間が少なく、かつ構造上の強度も劣らない優れた倉となった。その上外観上についても正倉としてふさわしい格式を持った。かくして甲あぜ倉が初期穀倉の中心として普及をみたと考えられる。

C　甲あぜ倉誕生の背景

中国の考古学雑誌『文物』は、文化大革命の期間休刊していたが、復刊一号と三号において、六〇五年から創設された隋・唐の洛陽の官倉・含嘉倉の発掘を伝えた。[24] 東西六〇〇メートル、南北七〇〇メートルの地域にわたって、口径八〜一八メートル、深さ六〜一二メートルの鍋底形の断面を持つ土壙が設けられており、各倉に数千から一万数千石の穀が貯えられた。土壙の底には防湿処理がされ、底と壁とは板で舗築した上を籾殻とむしろで蔽った上に粟等の穀を積み上げてあったという。

日本が律令国家を成立させるにあたっては、制度面について唐に多くを学んだことはよく知られており、たとえば正倉の名称、[25] 倉庫令、[26] 倉の位置の呼称等[27]についても明らかである。しかしながら貯蔵用の穀倉に関しては今述べたように隋・唐における主要な形式が窖方式であったとすれば、それを風土条件等の違う日本にそのまま

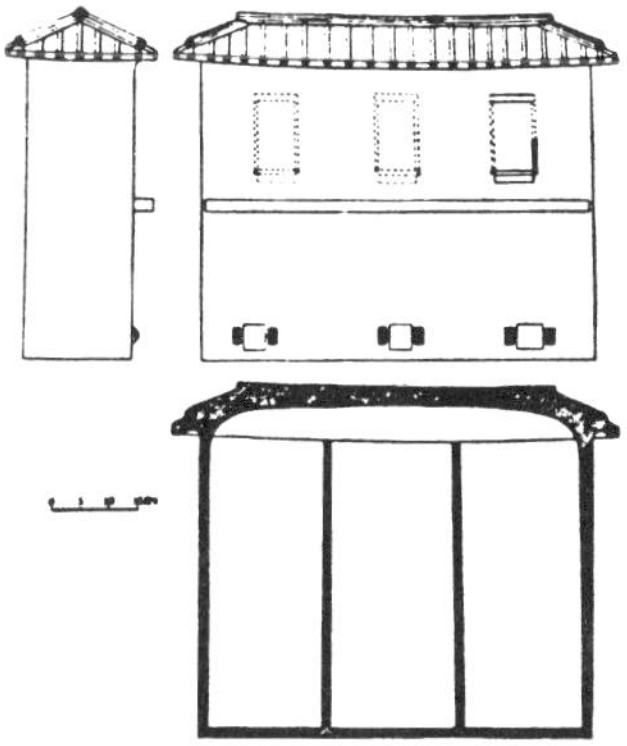

図34　華北の穀倉　陶倉房　河南楊官寺村出土「河南南陽楊官寺漢画象石墓発掘報告」（『考古学報』1963.1より）

図35　華南の穀倉　木倉　広州西村皇帝崗出土（『広州出土漢代陶屋』文物出版社　1958　P59より）

受け入れるわけにはいかなかった。もちろん窖方式以外の穀倉が、高床または普通の低床形式を含めて中国などに存在したことは、漢代の明器泥象、あるいは封泥等の遺物によって明らかであるが、[28] 貯蔵内容の主体が粟であり、また木造のものは比較的小規模の倉に限定されるようでもあり、規模の大きなものは木造以外の磚などによったとみられる等の相当の差が認められる。[29] これらの窖形式以外による穀倉の技術が五世紀以前において日本に伝えられた可能性もあるが、当時の日本では穎が中心であり、穀倉の必要性は低かったとみられる。しかも七世紀以降日本において穀倉を必要としたときには、前述したように既に中国では大規模なものは窖方式が中心となり、かつ大きく進歩を遂げていた。恐らくこの窖方式やせんを使用しない点において、高床式で規模の大きい木造による正倉としての穀倉の開発は、壁体構造部に関する限りは、[30] 隋唐の模倣でなく日本独自の力で進めざるを得なかったのではあるまいか。その結果諸外国に例をみない甲あぜ倉組が開発されたとみられる。

D　校倉遺構にみられる穀倉の痕跡

甲あぜ倉が七世紀において穀倉としての機能を備え、当時の技術の上に生まれたものならば、現存する甲あぜ倉（校倉）には八世紀において建築されたものがあるとみられるので当然遺構に穀倉として何らかの痕跡が見出だされる可能性があろう。しかしながら今までは校倉が穀倉であったといった観点はむしろ一部の人以外から無視されており、[31] ほとんど考慮されなかった。そこで遺構についての報告書を検討した結果次に述べるような痕跡、および痕跡を欠く理由を見出した。

①奈良時代造立とみられる校倉には、根太の断面形状が「へ」の字形になっており、ねずみ返しとみられている。[32] 正倉院宝庫にはこれを欠くが、これは前面に根太が組み出したことによるものではあるが、このことは規模が巨大であったためか、穀倉よりも宝庫として造立されたためか、いずれかによるものであろう。

②校倉では校木を組み上げた周壁の上に、前後に大梁を架け、その梁と側壁との間に繋ぎ梁を架けるのが通例であり、大梁の間である入口の上部には繋ぎ梁はない。図37参照。この理由については、今までは小屋裏を利用するために梯子を架ける際の便宜上に基づくものと解釈されてはいるが[33]、これは穀倉としての機能上発生したのではなかろうか。たとえば越中国交替帳でみられる倉の高さは、積高との差がほとんどないことからわかるように、満倉時には小屋裏を使って穀の出納作業を行う必要があり、その為にも塞の上部にあたる中央梁間には、桁方向の繋ぎ梁を設けなかったと思われ、また天井には板を固定しなかったの

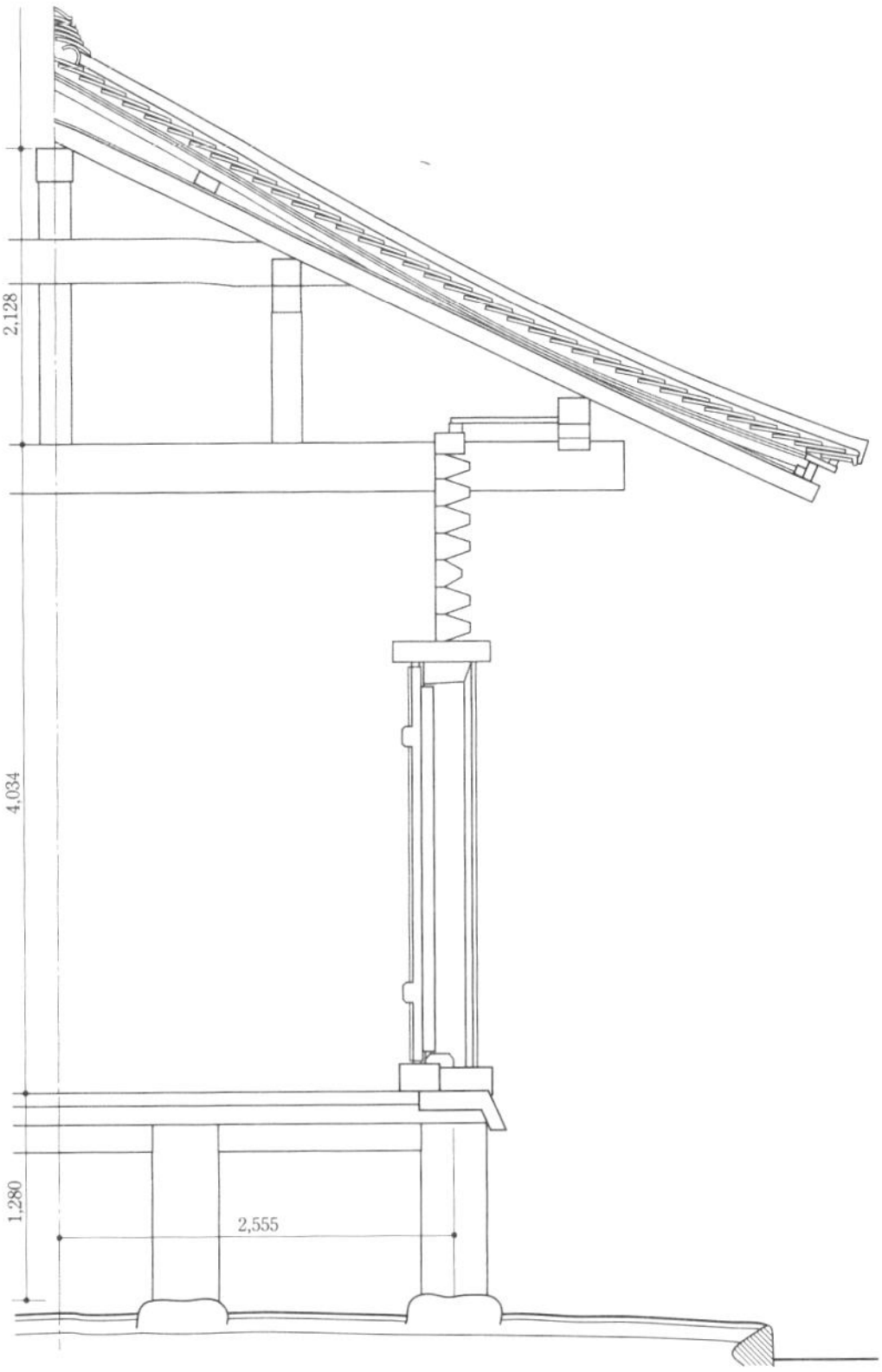

図36　東大寺法華堂経庫　断面図（『重文東大寺法華堂経庫修理工事報告書』1964より）

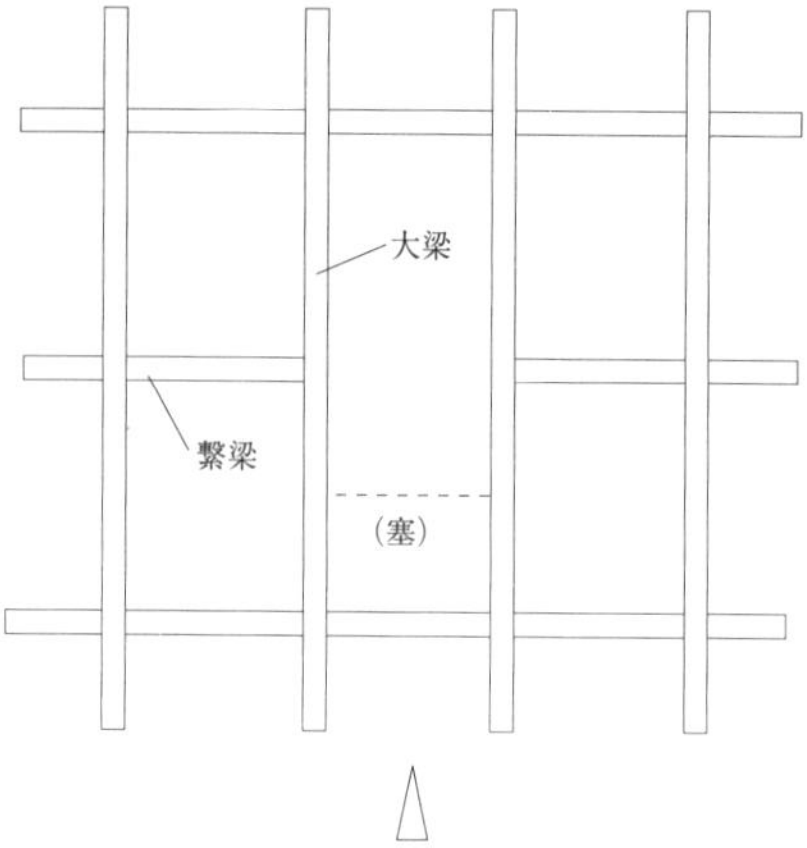

図37　校倉の梁架構図

も、同じような配慮とみられる。

③唐招提寺経蔵に関しては詳細な痕跡等の調査が行われたが、一方の大梁の上面に栓穴があった。[33]これは推定されているように梯子を桁方向に大梁にかけた痕跡とみられる。このように架ければ戸口の内側、塞の前方において、恐らく内開きと推定される戸および梯子のための空間を確保することができる。

④校倉に関する報告には塞の痕跡について触れたものはない。もともと塞は倉内に積み上げる穀の高さに応じて枠を積み上げるだけのものであったから、倉の本体にホゾ穴等の痕跡は残らなかったとみられる。

E　甲あぜ倉の穀倉としての限界

和銅元年（七〇八）の不動穀令が出され、不動穀倉を中心とした穀倉が多くつくられたことは、たとえば続日本紀の「楽浪河内、勤建正倉」[34]等から知られる。その後わずか六年を経た時点において穀倉の規格として二、〇〇〇・三、〇〇〇・四、〇〇〇斛のものを奨励した事実[35]から判断すると、穀倉建築の技術が、すでにかなりの進歩を遂げていたことを知るのである。しかも天平年間の諸国正税帳によると、穀倉としての新造が必ずしも甲倉に限られず[36]、また甲倉の規模が二、〇〇〇斛以下で板倉より小さいこと、当時における不動穀倉の推定平均規模が一、〇〇〇〜二、〇〇〇斛以上であったこと[37]が注目される。この事実から判断すると甲あぜ倉は、一つの限界に近づきつつあったように思われる。

図38　唐招提寺経蔵　旧地主倉を寺の倉庫に転用したもの（奈良時代）

図39　平組みのあぜ倉　金剛三昧院 経蔵（鎌倉時代）

図40　ヨーロッパの普通のあぜ倉　スカンセン野外博物館。桁行き材に繋ぎがみられる。

甲あぜ倉が穀倉として必ずしも有利とはいえなくなった原因には、次のような理由が考えられる。穀倉の容積拡大の要求に対して、まずあぜ倉では倉の四辺の壁を構成する材を原則的に繋ぐことなく使うため、材の巨大化が必要となる。ところが一方において官衙・寺院等の建設も活発化しており、それに対応出来る大材が得難くなった。次に材の巨大化によらずに規模を拡大する方法が求められた。有力な方法として桁行きを延長する方法が試みられた。これには個々の倉を並列する方法[38]と、更に並列した倉の間を利用する双倉または三つ倉による方法[39]とがあった。しかし両者共倉に仕切が生ずるので単一の倉とはなり得ず、穀倉としては不適当という、平面計画上の欠点が生じた。[40]また桁行きを延長しかつ間仕切りを設けない方法として、両端部だけをあぜ倉組とし、中間は柱で繋ぐという方式も考えられたとみられる。[41]ただこの方式は堅固さの点で劣り、また柱を使用する点で横はめ方式板倉との差がなくなることになった。

かくして甲あぜ倉は穀倉としてあまり建てられなくなったが、構造が堅固で安全に保管貯蔵できることから、穀倉としてよりも、貴重な什器等を保管する宝庫として使われるように変わっていった。鎌倉時代以降甲あぜ倉組みの構法が互組（互い違い）から接合部の強度に問題のある平組になったこと[42]は、あぜ倉組の本質と遊離したわけで、その形骸化を示すものであった。このように平組（稜と稜とを合わせる）になったということは、あぜ倉組み構法の日本における伝統の弱さを示すものかも知れない。

四　横はめ板方式板倉の普及

巨大化する穀倉の規模とは反対に、大材が次第に減少してゆく情勢において、大材によらない穀倉建設法の研究が求められるにいたり、以前には比較的高度の技術として存在した横はめ板方式板倉が、むしろ経済的・標準的な板材でつくれることが重要な意味を持つようになった。一方この形式では、平面を計画する上で、あぜ倉組みのように正方形にとらわれず、自由に桁行きの長い形でも建築が可能で、そのため利用上の制約が少ないことが評価されることになった。ただ穀倉として大きな壁圧がかかるため、板倉では高さを増すことは技術的に困難であったらしい。天平勝宝元年（七四九）の勅にみられる「諸国正倉、如理不造、多有破壊[43]」にはこのような背景が感じられる。しかしながら横はめ板方式板倉構法は技術的にますます向上をとげていった。このことは天平年間の高さの限度とみられる一五尺が、越中国交替帳にみられる平安時代には二〇尺にも達した事実からも知られよう[44]。かくて横はめ板方式構法は、甲あぜ倉組み、あるいは板あぜ倉組み構法に代って、正倉としての板倉をはじめとして、更に神社建築など随所に使用され定着していくのである。そして中世を経て近世初期における書院造りに至るまで伝統として受け継がれていく。すなわち本構法は古代から脈々として存在する伝統的手法であり、しかもこの形式は板倉の存在により大規模に展開し、伝統形成の母体となり得たのである。もし板倉に使われていなければ、横はめ板方式構法は、中世において盛行した禅宗様の縦板横桟柱貫構法によって支配され、和風建築の伝統になり得なかったのではあるまいか。この点からみても、今まで注目されなかった、板倉において横はめ板方式構法の果たした役割は大きかったと評価されよう。

五　土倉への転換

三〇年分の祖穀の収蔵を目標として設定された不動倉は、創設開始の和銅元年以降三〇年以上を経た天平末期には、その建設を終了し、その後は維持管理の段階を迎えたものと想定される。中央による厳しい鍵の管理によって固定化された不動穀は、倉庫令倉貯積条の定める穀の保存年限である九年を越えても更新されることが少なく、形式的には満倉とされながら無実化していったものとみられる。史料によると宝亀・延歴年代を頂点として正倉焼失の記録が数多くみられ、火災を「神火」と称している。神火の原因は村尾次郎によると、国郡司が正税の欠負や、正税帳の虚帳があらわれるのを放火によって防ごうとした場合もあったようである。(45)

かかる状勢に対してまず試みられたのは、正倉を不燃化することであった。延暦二年(七八六)火災を防ぐため郡ごとに土屋を造ることと、屋根上に泥を塗ることを奨励した。(46) だが土屋の建設は徹底せず、また泥塗屋根の上に丈夫な草屋根を葺いたのではかえって火を招く危険が生じたとみえ、延暦五年(七八六)土屋建設の励行と泥塗屋根の上は板葺とし、火災の際にはそれを壊してはずせるようにとの注意をしている。(46) しかしながら土屋とか土倉を使用しての穀の貯蔵は、前述したように甲倉や板倉の場合と違って不適当な方法であったとみられる。延暦九年(七九〇)の官符に「停造土倉」(47)とあり、土屋の奨励をやめたようにみられるのは、そのような理由があったためとみられる。

次に行われた対策は正倉の分散を計ることであった。まず延暦十年(七九一)の符には正倉相互の間隔を一〇丈以上離すことを定め[48]、さらに同十四年の符には正倉が郡衙の所在地に集中した状態から、郷ごとに一院をもうけるという分散を徹底することになった[48]。これの実施情況は不明であるが、郡倉から郷倉への転換は今までのような厳重な管理が行われにくくなることを予想させる。

一方、正税に関しては、不動穀よりも出挙に重点が移っていったようである。やがて不動倉の開用もしばしば行われ、ついには壊滅という状態になるのである。

こうした律令体制の変質の裏には、日本における律令制導入の直接の動機であった対外関係の緊張緩和が考えられる。すなわち唐は安氏の乱(七五五〜七六三)以後、新羅は熊川州都督の乱(八二二)以後、日本では外寇の危険性が感じられなくなったことによる面があったようである[49]。

かくして正倉の空虚は一方において富豪の私財蓄積につながっていった。出挙を例にとると「里倉負名」といった方式[50]が出現し、正倉に代って私人の倉が使われ、正倉はその存在意義を失う場合も生じた。

さらに当時は稲の収穫や調整法についても変革期であった。根刈りや唐臼が普及しかけたのは、十世紀から十一世紀にかけてであり、かくして稲は穎の形態を経ることなく直接穀とされ[51]、運搬・貯蔵とも穀を中心として処理されるようになった。また穀収納の容器として俵が普及するのもこの時期からとみられる。前述したように奈良時代には俵はあったが、稲は穎の形態で収穫・運搬・貯蔵されており、特に長期の貯蔵はバラ積みとされたので、俵が一般化したとは考えられない。しかし十一世紀には、たとえば東大寺検損色帳に俵三双倉の名が現れ[52]、また十二世紀に制作された絵巻物に俵がしばしばみられる[53]、しかしそれらに桟俵のない俵がみられることは、俵の普及がまだ浅かったことを示すものではなかろうか。

前述したように収穫調整法の変革と、律令制解体の進行により、不動倉などのバラ積み貯蔵が行われなくなったことによって、穀は貢納にされる段階から俵詰めにされ、短期の貯蔵には俵のまま行われることになった。俵詰めでは少量ずつ包装されており、堆積間には空隙が多くなり、今までのように大量密積の恐れがなくなり、気密な土倉でも貯蔵が可能になった。管理法自体も中央による原則的で厳しいものから、土地の実状に則したきめの細かい方法が行われるようになったので、土倉への転換を助長させたに違いない。

注

(1)「大和唐古弥生式遺跡の研究」『京都帝国大学文学部研究報告一六』一九四二年。
(2)『登呂本編』毎日新聞社、一九五四年。
(3)後藤守一『伊豆山木遺跡』築地書館、一九六二年。
(4)安本　博「昭和一八年度登呂遺跡調査」『登呂前編』毎日新聞社、一九四九年、一四二〜三頁。
(5)大場磐雄『古代農村の復原』あしかび書房、一九四八年、五四頁。なお倉庫の復原はこの説によっている。
(6)拙稿「あぜ倉、せいろうなど積重式構法に関する用語規定」『日本建築学会東海支部研究報告』一一号、一九七三年四月。付章一参照。
(7)小穴とは細い溝をいう。
(8)小林行雄『続古代の技術』塙書房、一九六四、五三〜五六頁。
(9)山本　博『井戸の研究』綜芸舎、一九七〇年。
(10)せいろう組みの結合はほぞ、ほぞ穴によるので、枠の外側からの圧力には強いが、内側からの力に対しては結合自体には耐力はなく、くさびなどによって対抗する。それに対してあぜ倉組みでは、内側からの力に対して結合自体に耐力がある。
(11)堀口捨巳「佐味田の鏡の家の図について」『古美術』一九六号、一九四八年。
(12)後藤守一「上野国佐波郡赤堀村今井茶臼山古墳」『帝室博物館学報六』。

(13) 杉山信三「古代住居跡」『考古学講座二総論』雄山閣、一九七〇年、参照。
(14) 村田治郎「東洋建築系統史論」、六三六～六四二頁。
(15) 安志敏「干蘭式建築的考古研究」『考古学報』一九六三の二号。参照。
(16) 吉林省博物館輯安考古隊「吉林輯安麻綫溝一号壁画墓」『考古』一九六四の一〇号
(17) 例として小泉顕夫他「楽浪彩篋塚」『朝鮮古蹟調査報告一』一九三四年。
(18) 埴輪にはあぜ倉組はないというのが、足立康「校倉について」『建築史』一九五二年。村田治郎『正倉院の建築』などの論文における通説となっている。しかし反対意見もあって例えば村尾次郎『律令制の基調』塙書房、一九六〇年、一八〇頁に示された大和国磯城郡三宅村大字石見より出土した家形埴輪の説明で、横の刻線等が甲倉の校木を表すとされている。しかしながら、同様の刻線は、例えば石山古墳出土の家形埴輪にもみられ、この場合は柱を持つ構造であることが明白であり、柱間の板壁とみるのが妥当と考えられるので、刻線を甲あぜ木と解釈することには問題があろう。
(19) 稲葉岩吉『釈椋』大阪屋号書店、一九三六年、同「校倉によって維がれる日本」『画説』三三号、一九三九年九月。
(20) 稲葉岩吉「校倉で維がれる日本」、『画説』三三号。
(21) 農商務省『米穀貯蔵に関する調査』一九一七年、一九九～二〇二頁。
(22) 『日本書紀二十六』斉明天皇四年十一月。
(23) 断面が正方形に近い材は、古代における木取りの約束に従っているとみられる。浅野　清『奈良時代建築の研究』中央公論美術出版、一九七二年、四三頁、一五一頁、参照。
(24) 図4参照。「洛陽隋唐含嘉倉遺址」『文物』一九七二年一月、七六頁。河南省及洛陽市博物館「洛陽隋唐含嘉倉的発掘」『文物』一九七二年三月、四九～六二頁。
(25) 正倉の名称は唐開元倉庫令による。
(26) 滝川政次郎「倉庫令考」『法学論叢』一六の二号、一九二六年八月、二五四頁。
(27) 方位や番号によって倉の位置を表すことは共通していた。しかし含嘉倉がより詳細かつ正確な表現を行っていた。
(28) 岡崎　敬「漢代明器泥象と生活様式」『史林』四二の二号、一九五九年一月。関野貞「楽浪郡治の遺址」『朝鮮の建築と芸術』岩波書店、一九四一年、二三一～二三三頁。
(29) 拙稿「漢代明器にみられる倉庫の形式」『日本建築学会大会発表梗概』一九七三年十月。

(30) 壁体構造以外の塞等の技術は当然大陸の形式に学んだとみられる。
(31) 足立 康「校倉に就いて」『建築史』一の六号、四七八頁。
(32) 石田茂作『校倉の研究』便利堂、七四頁。
(33) 浅野 清「唐招提寺経蔵」『奈良時代建築の研究』中央公論美術出版、一九六九年、一六三～一六五頁。
(34) 『続日本紀五』元明天皇紀和銅五年七月。
(35) 『続日本紀六』元明天皇紀和銅七年四月太政官奏。
(36) 例えば越前国正税帳で、格倉を甲倉とみれば、九例中五例が甲倉である。
(37) 表4参照。
(38) 例として高句麗麻綫溝がある。注(16)参照。
(39) 例として興福寺双倉、正倉院宝庫などがある。
(40) 障害がかえって倉の機能上利用された場合もあった。
(41) 例として板あぜ倉ではあるが、春日大社宝庫がある。なお『信貴山縁起』の長者の倉もこの類とも考えられる。
(42) 石田茂作『校倉の研究』便利堂、八八～八九頁。
(43) 『延暦交替式』天平勝宝元年八月四日勅。
(44) 図22参照。
(45) 村尾次郎『律令財政史の研究』吉川弘文館、二六〇頁。
(46) 「貞観交替式」応早作土屋及被焼損官・稲填納事『国史大系』三〇～三一頁。
(47) 同上付新案。
(48) 「類聚三代格一二正倉官舎事」太政官符『国史大系』三八七頁。
(49) 井上光貞「律令国家群の形成」『岩波講座世界歴史六』岩波書店、一九七一年、六五頁。
(50) 村井泰彦「公出挙制の変質過程」『古代国家解体過程の研究』岩波書店、一九六五年。
(51) 古島敏雄『日本農業技術史』時潮社、一九八四年、一三三、一五八頁。『古島敏雄著作集第六巻』東京大学出版、一九七五年。
(52) 「東大寺検損色帳」『平安遺文』五五一文書。
(53) 『北野天神縁起』『信貴山縁起』など。

第四章　正倉としての板倉とその影響

第一節　正倉と地方官衙の建築生産組織

一　地方官衙における正倉の造営

中央集権的な国家機構を目標とした律令体制下において、中央政府の指令をあまねく全国に伝達せしめるために設置された国衙と、その下部組織である郡衙とは、地方における最も重要な政治機関であり、施設であった。国衙には政府によって国司として守・介・掾・目の四等官および史生の定員が定められ、中央から任期を決めて派遣されたのに対し、郡衙では郡司として地方豪族が世襲制で任ぜられたので、当然国衙の方が中央との結びつきは強かった。

地方官衙の施設としては、庁舎の他、正倉が重要な位置を占めていた。特に正倉の中心とみられる租税を収める稲穀用の正倉については、国衙よりも郡衙にその主体があった関係上、郡衙における正倉を中心として論及する。

当時における地方官衙の正倉数を推定すれば、国が五八（大宝令施行時）、郡が五五五あり（律書残篇奈良時代後期）[1]、この郡におのおの一ヵ所以上の正倉群が設置されており、天平年間の正税帳による一郡当たりの平均棟数が二〇棟以上[2]になることから判断すると、全国では一〇、〇〇〇棟余[3]となり、地方における正倉の造営はその工事量からみて、当時の建築界に与えた影響は軽視できないものであったとみられる。

近年著しく増大した郡衙遺跡の調査結果[4]によると、現在確実に郡衙遺跡と認定しうる遺跡[5]は、七世紀末から

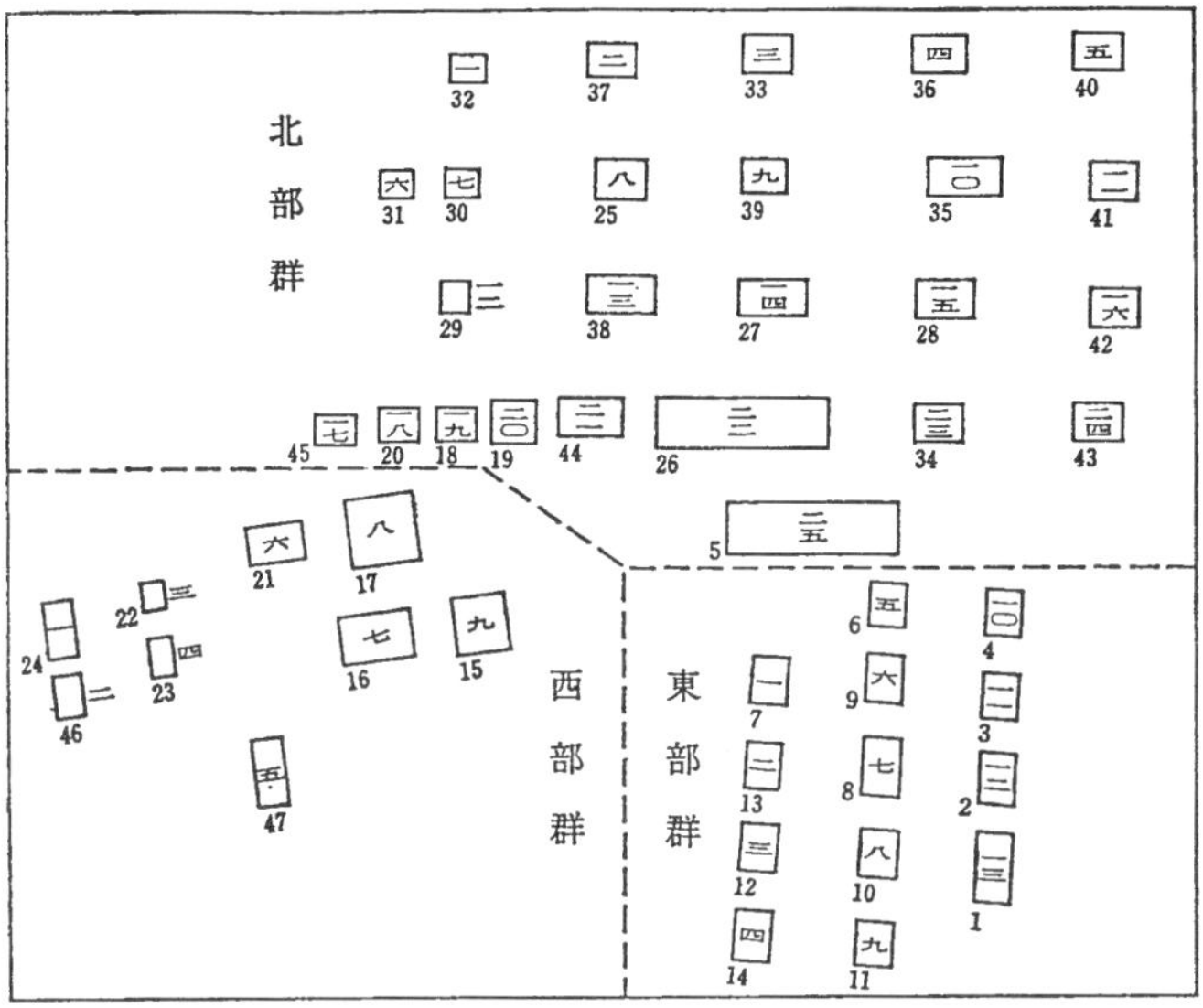

図41　新治郡衙遺跡（南部郡を除く）（高井悌三郎『常陸国新治郡上代遺跡の研究』1944より）

図42　福岡県小郡遺跡掘立柱配置図（『福岡県小郡遺跡発掘調査概報』1971より）

八世紀初頭に出現し、周囲を溝、土塁等で区画した方二町以上の範囲に、郡庁・正倉院・厨院などの建物群が造営され、各群ごとに方位をそろえ計画的に配置されている。また各建物の基礎は一辺一メートル以上の方形掘方を有し、柱間寸法が統一され、完数尺をなす例が多い点など規格制の高い、かつ規模の大きいものであることが判明している。(4) 多数の規模の大きい建物が規則正しく並ぶという性格は、一定の計画に基づき短期間に造営されたことを示しており、同規格の建物の存在は、作材の規格化による作業の能率化を計ったことを示している。以上の事実から判断すると、郡衙は豪族居宅あるいは大化前代の屯倉等の機関が連続的に発展したものとみるよりは、新規に中央からの強力な指示を受け、計画的に設定されたものと考えられ、地方官衙の役人による大量の用材調達と、強大な労働力の駆使を背景として、相当高度な造営技術によって建設されたものとみられる。

さて前章で述べたように、八世紀初頭の和銅元年(七〇八)不動倉令の発令、ならびにその後数年を経ずして大規格の正倉を造れとする奏の出されたことは、当時における倉庫構法の進歩を示すと共に、国家権力による建設の強制と、技術面の指導が行われたことを物語るものであろう。

そのころ正倉のなかで最も重要視されたのは不動穀倉であり、これに適合した倉の構造として、甲あぜ倉と横はめ板倉との二方式が共存していた。しかし甲あぜ倉には生産上・技術上の制約があり、間もなく正倉の中核から退き、横はめ方式の板倉がとって代った。横はめ板方式の板倉はすでに構法上の問題も解決し、甲あぜ倉と同様の機能的条件を満足し、かつ大容量の穀倉をつくる場合でも、用材の経済性、平面の自由性などの長所を持っていたからである。こうして板倉が八世紀以降正倉の主体となったのである。

このように横はめ板方式の板倉が中央地方を問わず、数多く造られるなかで、この板倉の技法が特に地方に普及していった。すなわち律令制という中央による強力な指導体制の下で、官衙を中心として地方の建築生産組織を育成し、この横はめ板方式の構法を普遍性のある構法として、地方の建築に定着させていったのである。

二　国衙系建築生産組織の形成

律令的建築生産組織の構成は、令の正規の官司である木工寮に最もよくその基本の形が示されている。すなわち技術系の職制は技術上の中枢的な統轄者である大少工の下に、必要な技術労働力は長上工・番上工として官人化し、非技術的労働力は仕丁として多数を農民などの徴発に頼って工事が営まれた[6]。

地方官衙の建築生産組織に関する史料は極めて乏しい。太宰府においては匠司があり、大少工が存在した[7]。地方官衙も少規模ながらこれに準じていたとみられよう。

地方官衙の建築生産状況を示す史料の不足を補うものとして、国分寺関係の史料は貴重である。国分寺の造営は正倉より遅れ、天平十三年（七四一）の詔[8]により開始され、以後天平神護二年（七六六）頃までに整備されたようである[9]。その間の造営関係史料として、当初の詔以外に、天平十九年（七四七）の国分寺造営工事督励のため中央から使者を送った件[10]と、天平宝字三年（七五九）の「頒下国分寺図於天下諸国」[11]がある。すなわち限られた史料からも、建設促進のため中央から使者や図面が送られたことと、造営組織は地方官衙にあったことがわかる。

近年における考古学の成果は以上の事実を裏付ける。すなわち国分寺の配置計画は金堂と中門を回廊で結び、その中軸線上に南門、北に講堂と僧坊を配し、塔を軸線の東または西に配すという七世紀の典型的な伽藍配置が国分寺を造営するための規範として諸国に示されたとみられる。しかしその典型を基にして諸国でも、その国分寺、国分尼寺を新たに設けるための立地はさまざまであり、その国の大国・小国等の国力の差による規模も画一的なものでなかったことが、遺跡の検討の結果明らかにされている[12]。

このように基本的な事項については統一されているが、細部についてては国別に技術的なものも含めて差があったようである。

さて律令制以前にも、すでに屯倉など大和朝廷による支配が行われており、そこには当然倉庫や庁舎があったわけで、それに付随してなんらかの建築生産組織が存在し、一応の水準に達していたものとみられる。その組織が律令制の開始時における不動穀倉などの設置の際に、国分寺の場合に示されているように、図面などの規準が示され、かつ上級の技術者の派遣・指導がなされたことによって建設が行われたとみられるのではなかろうか。

さらに国分寺の造営に先んじて、地方官衙の正倉の建設が先行したことの意義を確認したい。すなわちより広範に基本的な社会資本として建設された正倉建築の造営を通じて、地方官衙における建築生産組織が育成され、それによって全国にわたっての建設が可能になったと考えられる。もしそのような事情がなかったとしたら、たとえ中央からの上級技術者の派遣や、図面の送付等の援助があったにしろ、国分寺のような大規模で、かつ高次の表現形式のものの建設は困難なものであったろう。中央において建築関係の下級の仕事に従事した仕丁等が地方に移って活動する例として、天平勝宝三年(七五一)東大寺の寺奴が逃亡し甲賀宮の国分寺の大工の家に寄口として働いていたところを捕らえられたことが伝えられており[13]、飛騨工についても延暦十五年(七九六)から承和元年(八三四)にわたる期間中において逃亡とその捜索・逮捕のことが記録に残っている[14]。こうした事実は木工寮や造営省(後には修理職)における労働が苛烈であったこともあろうが、逃亡の範囲が広く諸国にわたっていることでもあり、彼らの技能に対する需要が地方の官衙等に相当高まっていたのではないかと考えられる。以上のような事情もともなって、地方において官衙を中心として中堅技術者の層が育成されたとみられる。

しかも九世紀末から一〇世紀にかけて国衙を構成する諸機構の充実が諸国において行われ、従来郡衙において行われてきた仕事も国衙に集中するようになった[15]。

こうした地方国衙の建築生産組織の充実は、平安中期以降開始された。国守が国大工を召して中央の寺社・官庁を造営する、造国制をもたらす一つの原因になったと考えられる。またこの結果中央における官の組織と接触の機会を得、さらに技術の向上をみた。この結果例えば国分寺の修理の際、国衙の手に余る程の場合には、中央から木工寮などの高級技術者が派遣されていたのが[16]、例えば建武元年（一三三四）に上棟された丹後国分寺金堂再建の際にみられるように、番匠の構成が、中央からの寺工と国衙系の工匠とが対等の位置までに生長した場合や[17]、文和元年（一三五二）の周防国仁平寺の造営に国衙大工が惣大工として指揮権を行使している場合[18]にみられるように、地方の技術が中央に比して遜色のない程度まで向上した。これは当然国衙系の工匠の技術は、その地方において最高級なものであったと同時に、相当の水準まで達していたことは事実とみられる。ともかく諸国において在住の工人の中世への出発に際しての技術的水準の底辺は、正倉等の造営を通じて形成されたといえよう。

第二節　板倉と和様

一　和様の伝統と板壁

和様とは通常鎌倉時代に新しく中国から輸入された、大仏様（天竺様）・禅宗様（唐様）に対して、古代以来日本の伝統的な建築様式に与えられた名称である。中世の建築をみるとき大仏様・禅宗様の一見派手な活動のかげにあって、和様はともすれば目立つことが少ないが、事実は判定しやすい仏堂だけをとってみても、特に中世前期である鎌倉時代には、和様が量的にはそのほとんど全体を占めていたと認められる[19]。すなわち和様は当時最も普遍的に分布しており、強大な存在であった。

図43　白水阿弥陀堂　外観　国宝の和様仏堂　平安時代

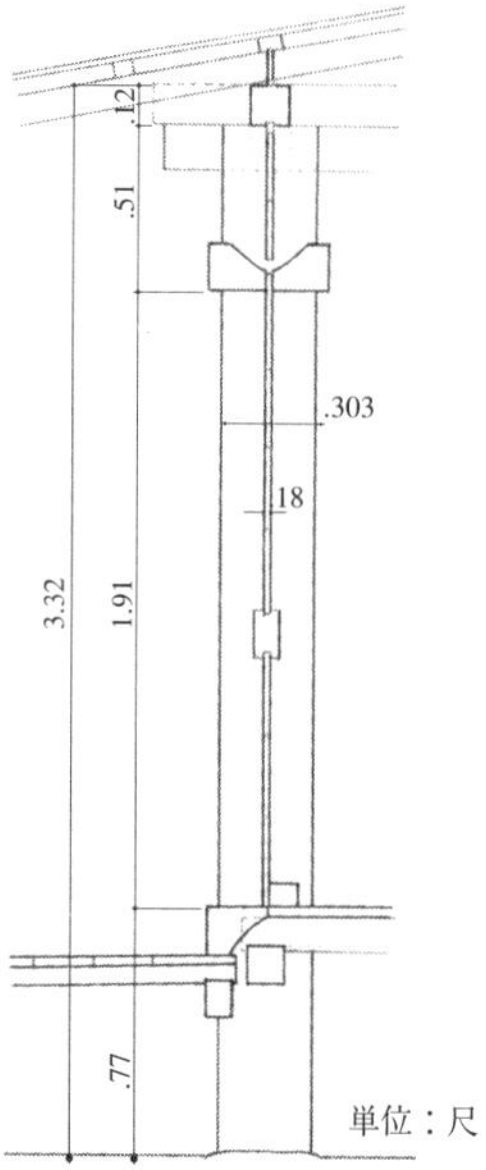

図45　和様仏堂　横はめ板構法　旭田寺観音堂　1388、福島県南会津郡　室町時代初期までは、腰貫は無かったと推定される。(『重要文化財観音堂（旭田寺）修理工事報告書』1964より）

図44　白水阿弥陀堂　外壁　和様仏堂

さて和様という形式の整った仏堂建築を考えやすいが、必ずしも仏堂だけには限定されないし、仏堂のなかには住宅的手法を採り入れた例や舟肘木《ふなひじき》のような簡単な組物しか持たないような建物も含まれている。和様の特徴は組物などの細部にとどまらず、架構全体、壁の構法などにも表現されている。

和様の仏堂等にみられる壁の構法は、板壁と土壁との二種に区分される。飛鳥時代以降、仏寺をはじめとする大陸風建築には、法隆寺にみられるような白土上塗りの土壁が現れ、当初は公共的な大建築だけに用いられたが、漸次それ以外の一般建築にも普及をみた。しかし当時白堊の土壁には上塗りに消石灰・白土を用い、さらに糊材として米粥を混入したため、非常に高価についたらしく、白堊《はくあ》の使用は限定されていた。[20] 現存する遺構からみると奈良時代の仏堂では白堊の白壁が専ら使用されているが、平安時代以降中世になると国風化の影響もあってか、板壁の場合が多くみられるようになった。さて和様の板壁はほとんど横はめ板方式の構法をとっている。[21] すなわち、和様では長押を用いて太目の柱を繋ぎ、柱の間に板を横はめにして壁体を固めるのである。それに対し禅宗様では、比較的細目の柱の間に、貫を用い強固に連結し、更に外側から貫を利用して板を打ち付け縦板張りにした。いわば縦板横桟柱貫構法を用いたのである。しかも禅宗様では板壁の強度は専ら貫に頼って、比較的薄い板を使用したのに対し、和様では横はめ板による架構強度の向上をも目的として、比較的厚い板を使用した。

このように和様と禅宗様との大きな違いの一つとして、板壁の構法の差が認められるが、和様における板壁の伝統は、いかにして形成されたものであろうか。ここで注目されるのは和様の仏堂における板壁の構法と、古代の板倉に使用された板壁の構法との間にみられる近似性である。すなわち両者とも柱間に板を落とし込む、横はめ板方式をとっていることである。[22] 倉庫と仏堂とは壁体に求められる機能も当然異なるわけで、単純に比較するのは困難であるが、例えば平面の規模について、平安時代の末期から鎌倉時代前期にかけて造営された、現存する和様で横はめ板壁を持つ三間堂と、古文書による古代郡郷の正倉である板倉とを比較すると、ほぼ類似した

図46　円覚寺舎利殿　外観　禅宗様仏堂（『国宝円覚寺舎利殿調査特別報告書』1970より）

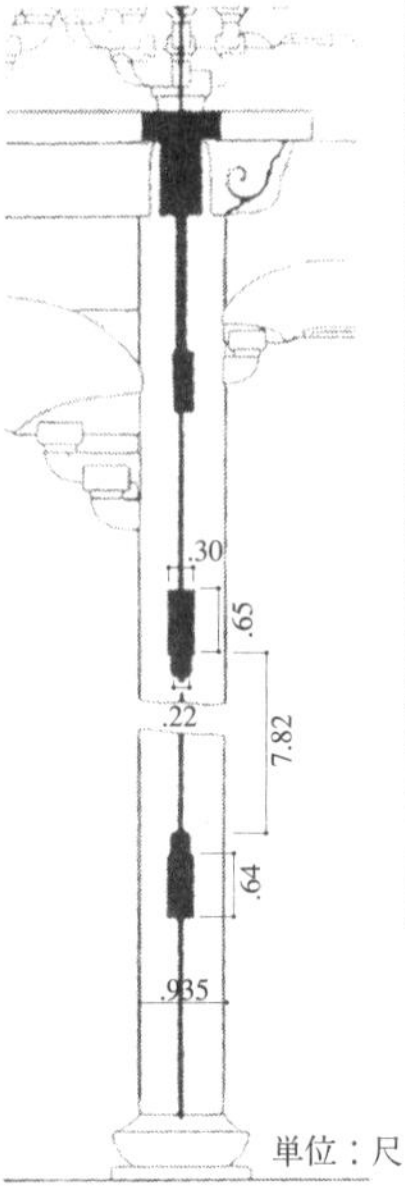

図47　円覚寺舎利殿　禅宗様縦板横桟柱貫構法　断面（『国宝円覚寺舎利殿調査特別報告書』1970より）

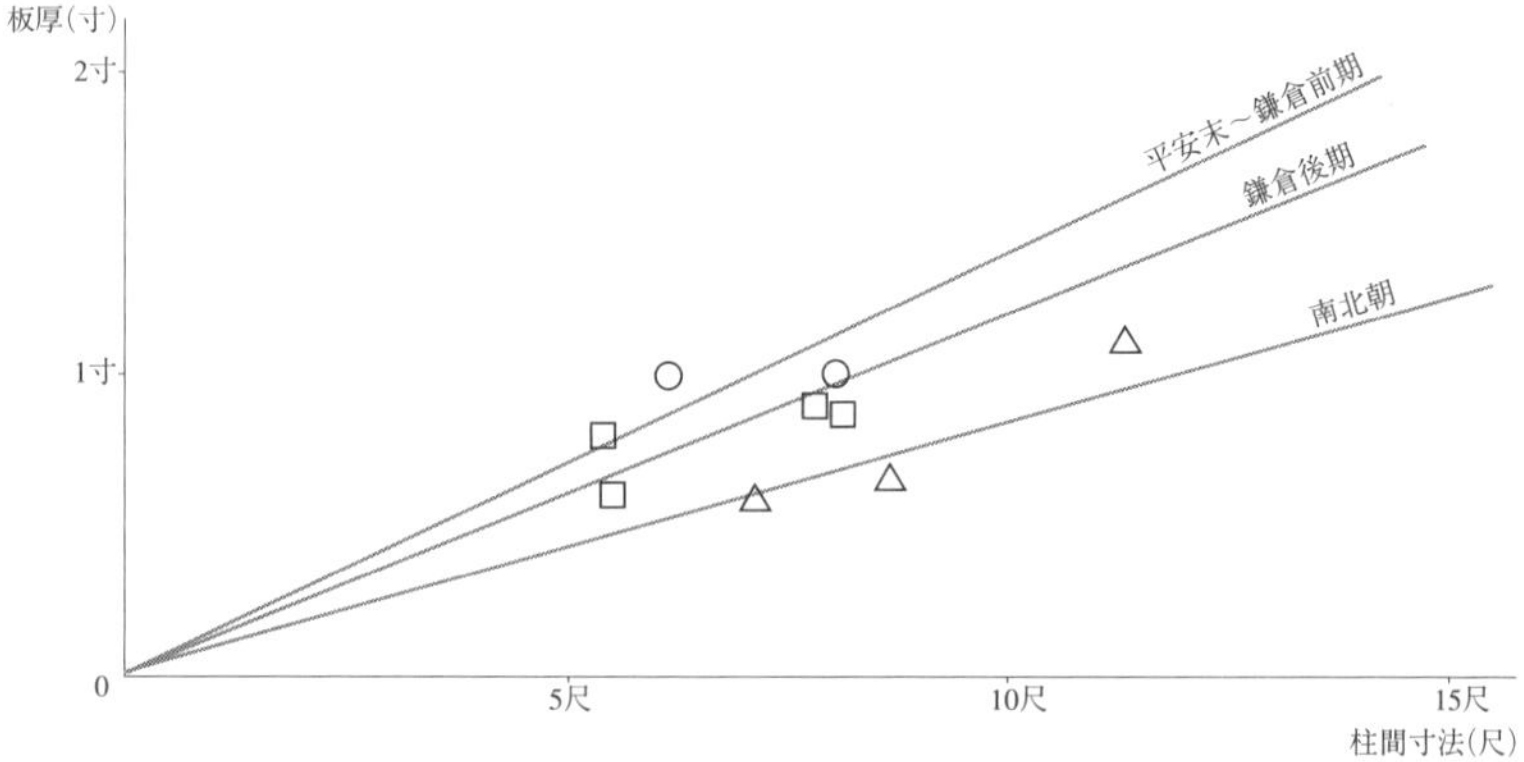

図48　和様仏堂における横はめ板の厚さと柱間寸法の関係図

間口、奥行を持つものが多い(23)。次に和様仏堂に使われている横はめ板を、板厚と柱間との関係から分析するために図48を作成した(24)。とりあげた例は少数だが、和様仏堂での横はめ板厚、ならびに板厚と柱間寸法（板の長さ）の比が、古いもの程厚く、かつ比が大きいことが注目される。すなわち壁板の強度は古いもの程丈夫で一寸程度であるが、新しいものでは八分・六分と薄くなる。一方板倉については直接板倉に関する文献・遺構に乏しいが、正倉院中倉の壁板四寸以上という例は別格として、恐らく福山敏男の紹介された十一世紀のものと推定される「寝殿造邸宅に関する造営文書」(25)に記載のある壁板の厚さ二寸（長さ一丈二尺、広さ一尺）から、関野克の「在信楽藤原豊成板殿考」(26)に用いられた、「正倉院文書続修四三」『勘注北殿板葺屋』にある天平宝字五年十二月二八日注の壁依板の厚さ一寸（長さ九尺、広さ二尺）の中間程度に考えるのが妥当ではなかろうか。このように和様にみられる横はめ板方式の板壁は、板倉のそれと比較して決してかけはなれたものではなかったと考えられよう。

　和様の板壁が使われた理由に関しては、土に対するけがれの観念や、白壁仕上の費用が高いことなどさまざま考えられるが、その理由の一つには古代の建築が元来持っていた傾向によって、その一端の説明がつくのではなかろうか。すなわち古代建築が細部に複雑なモチーフを用いず簡明であること、また部材が大きく構成が雄大であることなどは、いずれも生産の基底になるものが不熟練労働力であるため、施工の制約がもたらしたものであり、それが建築の意匠へ昇華したものといえる(27)。具体的には例えば八世紀の仏堂において、地《じ》垂木《だるき》が地円飛角(28)の原則を破って納まりもよく、施工も楽な角材が使われたことや(29)、組物の工作に画一化、部材の定型化がみられたことがあげられる(30)。こうした傾向は倉の用材の標準化を求めた傾向と軌を一にするものであろう。さらに和様では組物はその建築の規模・格式によって形式が決められ、自由な形式を選択する余地がなく、柱上に組物・柱間に間斗《けんと》束《つか》という形式は、古代を通じ少しも変っていなかったといわれる(31)。すなわち定められた伝統に対する保守的な傾向がみられ、これが横はめ板壁方式の維持に貢献したとみられる。和様においては大仏様・禅宗様の影響を受け、貫《ぬき》の手法は比較的早期に受容したが、主に足固とする足貫に限られ、内法貫や飛貫の使用は遅れた。そのため横はめ板壁の伝統は永続した。

次に和様の仏堂に使用された板壁について、分析を加えよう。

二　和様仏堂の横はめ板壁

現存する仏堂のうち国指定文化財のもので、平安時代末期以降南北朝時代までに造営されたとみられる遺構で、和様と認められる一重仏堂で正面三間以上の規模のものを選定し、壁体の相違を時代別、県別に比較する表17を作成した。(32) 室町時代以降を除外したのは、様式の折衷が盛んになり純粋な和様が失われたからである。

これによると全体としては板壁より土壁の仏堂が多いが、これは京都・奈良・大阪等の都市部において土壁が多いことによるもので、三府県を除外すれば板壁の比は六八％と卓越する。これを時代別にみれば平安末期では板壁は八五％、鎌倉時代では六六％、南北朝時代では六四％となり、古代に遡るほど板壁の比率は高まる。また近畿圏や瀬戸内地方に比較的土壁の多いことも注目される。なお正面間口五間以上の大きな仏堂と正面間口三間の小仏堂とに区分すれば、小堂では六四％と板壁が多い。近畿や瀬戸内地方で土壁が多い理由は、単に雨量が少ないというような風土性によるものではなく、政治的、経済的、あるいは地理的にみて中央とのつながりが深い等の事情から、中央の工匠が仏堂の造営工事に参加したからとみられる。(33) また大きな仏堂に土壁が多いことも中央の工匠との関連によるものであろう。反対に交通の不便な地方において、あるいは小仏堂において板壁の仏堂が多いのは、これらが地方における工匠、恐らくは国衙系工匠の手によって造営されたことを示すものであろう。しかも平安時代に遡る程板壁の比の多いことが注目される。すなわち前節で述べたように国衙系の建築生産

表17　和様仏堂における壁体

	平安末期		鎌　倉		南北期		大　堂		小　堂		小　計		合計
	板壁	土壁	板壁	土壁	板壁	土壁	板壁	土壁	板壁	土壁	板壁	土壁	
京　都	1	3		6	1	1	1	10	1		2	10	12
奈　良		2	2	19		4	1	20	1	5	2	25	27
大　阪				5				3		2		5	5
和歌山			2	1	2	2	3	3	1		4	3	7
兵　庫	1	1		3	2		1	1	2	3	3	4	7
岡　山					1		1				1		1
鳥　取			1		1		1		1		2		2
広　島			1	1	1	2	2	3			2	3	5
島　根						1		1				1	1
香　川				2		1		3				3	3
愛　媛			1	2	1		1	1	1	1	2	2	4
高　知	1						1				1		1
福　岡			1						1		1		1
大　分	1								1		1		1
熊　本			1						1		1		1
三　重						1				1		1	1
滋　賀			2	1	4	2	5	3	1		6	3	9
愛　知			2		1	1	1		2		3		3
福　井			2			2	2				2		2
長　野			2						2		2		2
山　梨			2				1		1		2		2
東　京					1		1				1		1
埼　玉			1						1		1		1
栃　木			1				1				1		1
福　島	1		1		1		1		2		3		3
宮　城	1								1		1		1
山　形							1				1		1
岩　手									1		1		1
京都･奈良･大阪	1	5	2	30	1	5	2	33	2	7	4	40	44
上以外	6	1	20	10	16	9	23	15	19	5	42	20	62
小　計	7	6	22	40	17	14	25	48	21	12	46	60	
合　計	13		62		31		73		33		106		106

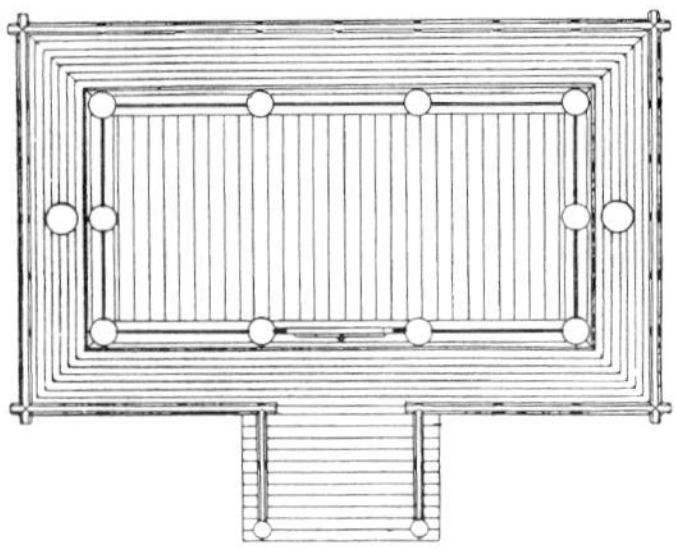

図49　伊勢神宮内宮正殿　平面図（福山敏男『伊勢神宮に関する史的調査』1940より）

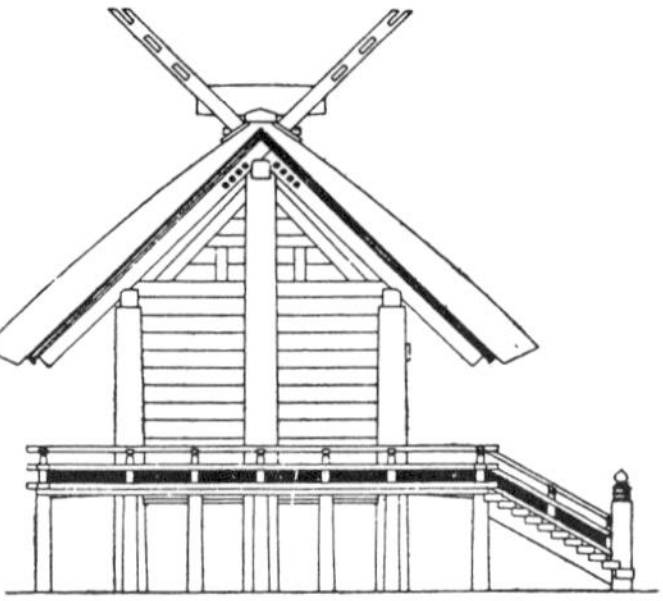

図50　伊勢神宮内宮正殿　側面図（福山敏男同書より）

組織は、長い年月の間、正倉として多数の板倉の建設と営繕《えいぜん》工事に携わっており、その間に横はめ板壁方式に深くなじんできたのであった。それに加え伝統的構法である和様のなかには、国風化の傾向と共に本来横はめ板方式を取り入れやすい傾向が、存在していたこともあり、横はめ板の構法が和様のなかに定着していったのである。かくして禅宗様に対して和様という概念が、横はめ板方式の維持の面において、板倉の構法によって培われた伝統を踏まえて基盤が形成されたものであろう。

三　板倉系建築の系譜

以上仏堂のうち和様仏堂が横はめ板壁を通じて板倉と密接な関連を持っていたことを述べてきたが、一方神社建築は伊勢神宮の神明《しんめい》造りの例をみるまでもなく、いずれも横はめ板壁が主体となっており、板倉系の建築の中心的存在である。また上層階級の住宅においては、古来板壁が高級な仕上げ材料として尊重されていた。例えば、福山敏男による文献紹介のあった十一世紀頃と推定される寝殿造邸宅には板壁が使用されていた。[34] また「春記」には長暦四年（一〇四〇）にさくりはめ（横はめ板）による住宅造営の記事がある。[35] 書院造で特に床廻りに用いられる貼付壁は、内側には紙か布を貼ってあるが、本来外側の下地は板であり、板壁の一

図51　箱木家住宅外観　神戸市北区、千年家とよばれる古い民家（移築復元前）

図52　民家の板壁　京都市右京区嵯峨　横はめ落とし板壁（川島宙次『滅び行く民家　屋根 外観』1973　P202　主婦と生活社より）

種というべきものであった。現在和風住宅では貼付壁が減り、土壁が多くみられるが、これは近世以降における茶室ないし数寄屋造りの流行普及による、土壁の意匠の評価によるものである。(36)

しかし民家において横はめ板壁は帳台や納戸《なんど》廻りの間仕切り壁に使われることがあるが、多くはなかった。神戸市上谷上の阪田家(37)は千年家と称される室町時代にまで遡れる古民家であったが、同家に伝わる永禄十一年（一五六八）の古文書によると板屋と称していた。(38)これは間仕切壁が土壁でなく、板壁であったからといわれ、一般民家での板壁の使用は限られていたことがわかる。

以上のように横はめ板方式による板壁は、中世以降禅宗様による縦板横桟柱貫構法の盛行にもかかわらず、古代から中世を経て近世の書院造りまで伝統を保持し得たのは、古代を通じて建築生産組織の底辺が、板倉を基盤として中央・地方を問わず形成されたからであり、和様はこれに培われて成立したという、伝統の重みを有していたからにほかならないといえよう。

注

（1）福山敏男「地方の官衙」『日本の考古学Ⅶ歴史時代　下』一九六七年　一一一頁。

（2）一四ヵ国について一郡当たりの平均を求め、さらにその価の平均を求めて、一郡当たり一三棟を得た。

（3）元慶三年（八七九）当時は、陸奥・出羽・西海道諸国を除く不動穀は一、〇三七万石あったという。一倉当たり一、〇〇〇石を納めると一〇、三七〇棟の国郡の正倉がいることになるとする福山敏男の算定とほぼ一致する。注（1）文献参照。

（4）山中敏史「古代郡衙遺跡の再検討」『日本史研究』一六一号、一九七六年一月。原秀三郎「郡司と地方豪族」『岩波講座日本歴史三古代三』岩波書店、一九七六年。吉田晶『日本古代国家成立史論』東京大学出版会、一九七三年、三〇九〜三四七頁。
（5）茨城県古郡遺跡、福岡県小郡遺跡、岡山県宮尾遺跡、福島県関和久遺跡、栃木県梅曽遺跡。
（6）渡辺保忠『日本建築生産組織に関する研究』私家版、一九五九年、三五〜三八頁。
（7）竹内理三「太宰府政所考」『史淵』六七号。
（8）「寺兼為国華必擇好処実可長久」、「類聚三代格巻三国分寺事」天平十三年二月十四日勅、『国史大系』一〇八頁、参照。
（9）堀池春峯「国分寺の歴史」『仏教芸術』一〇三号、一九七五年、五頁。
（10）天平十九年（七四七）「国分寺造営工事督励の詔」中央から使者を送った。国司宜しく使及国師と勝地を簡定し、勤めて営繕を加えよ。
（11）「続日本紀巻二二」天平宝字三年十一月九日、『国史大系』二六七頁。
（12）坪井清足編「近年発掘調査された諸国国分寺（Ⅱ）」『仏教芸術』一〇三号、一九七五年九月、八五頁。
（13）『寧楽遺文下』奴婢帳、七七〇頁。
（14）渡辺保忠「飛驒工考」『日本建築生産組織に関する研究』私家版、一九五九年。遠藤元男「飛驒工について」『日本職人史の研究論集編』雄山閣、一九六一年、一一七〜一一八頁。
（15）義江彰夫「国衙支配の展開」『岩波講座日本歴史四』岩波書店、一九七六年、五五頁。
（16）寛弘元年（一〇〇四）美濃国分寺の破損を実検のため官吏・木工・算師・長上・工長等が派遣されている。『類聚宣符抄』。
（17）永井規男「丹後国分寺建武再建金堂の成立背景」『橿原考古学研究所論集創立三五周年記念』吉川弘文館、一九七五年。
（18）「周防国仁平寺本堂供養日記」。浅香年木「中世の技術と手工業者の組織」『岩波講座日本歴史六』一九七五年、二二〇頁。参照。
（19）太田博太郎「日本建築史・中世」『建築学大系四』彰国社、一九五七年、二〇六頁。
（20）山田幸一「壁」『文化財講座日本の建築四近世Ⅰ』第一法規出版、一九七六年、二〇三頁。
（21）縦板張りの場合は後世改造されたものが多い。縦板張りが普及するのは大鋸により板が必要最小限の薄さに木取りされ、「のしたて」として仕上げしてない荒引板が使われるようになってからと推定される。「のしたて」は一三九七年の琳阿弥の住宅指図にみられる。『建築大辞典』彰国社、一九七四年、参照。

（22）仏堂では横はめ板は、ひぶくろ矧ぎ、柱に大入れ、やり返し付きで、納められているものが多い。

（23）郡・郷における正倉板倉の平均規模

長さ九・二二　偏差二・六九（メートル）。

広さ五・七一　偏差一・五七（メートル）。

（当時の尺を今の尺にするため〇・九七五をかける）

和様で横板はめ板壁の三間堂の規模

			長さ	広さ
中尊寺金色堂	一一二四（年）	三間堂	五・四八	五・四八（メートル）
白水阿弥陀堂	一一六〇	三間堂	九・三九	九・三九
高蔵寺阿弥陀堂	一一七七	三間堂	九・三〇	九・三〇
中尊寺薬師堂	鎌倉時代	三間堂	六・七五	六・七五
富貴寺大堂	平安時代	三間に四間	七・七〇	九・三三

（24）平安末期から南北朝時代までの九例について、修理工事報告書により作成した。厚板にばらつきのある場合は中間値をとった。

（25）福山敏男「寝殿造邸宅に関する造営文書」『日本建築史研究続編』墨水書房、一九七一年。

（26）関野　克「在信楽藤原豊成板殿考」『宝雲』二〇号、一九三七年八月。

（27）渡辺保忠『日本建築生産組織に関する研究』私家版、一九五九年、一八頁。

（28）中国の建築の影響を受けた古代の寺院では、「地円飛角」の二軒を主流とする、飛擔垂木の断面が長方形であるのに対し、地垂木は断面円形とされるのが原則。工藤圭章「古代の建築技法」『文化財講座日本の建築二古代Ⅱ・中世』第一法規出版、一九七六年、一三四頁参照。

（29）浅野　清「仏寺建築における和様化の問題」『仏教芸術』一〇〇号、一九七五年二月、四一～四二頁。

（30）工藤圭章「古代の建築技法」『文化財講座日本の建築二古代Ⅱ・中世』第一法規出版、一九七六年、一三五頁。

（31）伊藤延男『中世和様建築の研究』彰国社、一九六一年、二八九頁。

（32）ただし和様と認めたなかには南北朝時代における折衷様の細部を持つものがある。また後世の改造が甚だしく、壁体復原の困難な一部の仏堂を除いた。
（33）永井規男「一三世紀後半における南都興福寺とその活動　新和様建築の形成に関する試論」『仏教芸術』六八号、一九六八年八月。
（34）福山敏男「寝殿造邸宅に関する造営文書」『日本建築史研究続編』一九七一年。
（35）藤原資房「春記」『史料大成』長暦四年八月十一日。
（36）太田博太郎『書院造』東京大学出版会、一九六六年、一七四頁。
（37）阪田家は一九六二年焼失した。箱木家住宅も千年家と呼ばれ「オモテ」と「オイエ・ナンド」境の板壁に、ちょうな削りの荒い板壁が残されている。
（38）伊藤ていじ『中世住居史』東京大学出版会、一九五八年、一一三～一一四頁。

第五章　中世倉庫建築の変革とその影響

第一節　土倉への変革

一　土倉への変革とその背景

古代律令制には九世紀後半以降大きな変革が進行した。すなわち班田の実施が麻痺してゆく中で、国衙においては班田制にかわる収取制度として富裕な農民の田地を「負名《ふみょう》」、倉を「里倉負名」として把握するようになり、その反面これまで郡や郷に設置されていた正倉がほとんど解体されるにいたった。(1)上野国交替帳はこの実状を伝える貴重な史料であるが、板倉に替わって土倉が全体の五割に達したことが注目される。一方地方官衙の正倉では、今まで収納物の多くは所在地において放出され、中央に輸送されたものは一部にしか過ぎなかったが、国司遙任の制、年給・売官の盛行により、領主の居住する中央に輸送されることが多くなり、倉の立地は荘園領の倉のように地理的条件によって定められるようにもなり、やがては中央との中継ぎ機能が重視され、領地から離れた船津にも倉庫が持たれるようにもなった。(2)こうした私人化した倉の管理者が倉預・倉本と呼ばれるようになり、やがて土倉・問丸《といまる》に生長していくことになった。

中世の特徴の一つとして都市の発達があげられよう。すでに平安中期以降になると、今までは官設市場に限られていたものが、市中に居住し店屋を開く商人が出現した。(3)中世になると都市化の傾向は一層顕著になり、やがて数多くの中世都市が生まれることになった。(4)かくして人家の密集した都市に居住する住民にとって、家屋の防火対策は重要な課題となり、いろいろ考案され、(5)更に為政者にとっても防火のための厳しい法制がしかれ

るようになった。(6)

農民に稲穀を貸し高利の利子をとる私出挙は、古代を通じて広く行われていたが、鎌倉時代になるとさらに貨幣経済の発達によって金銭を貸して高利をとる借上《かしあげ》(7)が盛行した。すでに延応元年（一二三九）の法令に借上の名はみられ、商人と共にいわゆる前期的資本を形成し、封建社会を変質させていった。

特に密集した京都・奈良・大津などの諸都市に、借上等の金融業者にとって動産などの担保物その他を保管するために、土塗りの堅固な不燃性の倉庫を持つことは不可欠の要請であり、その倉庫すなわち土倉《どそう》(8)が彼等を呼ぶ通り名となったのである。金融業者としての土倉の初見は「明月記」にある文暦元年（一二三四）の記事による。かく当時このような堅固な土倉を構えることのできるのは、寺院の他には富裕な高利貸のみであったのである。かくて土倉業者には重要な文書等を保全するために寄託することも行われたようである。(9)しかしながらこうした堅固に造られた土倉も、度々火災や盗難にあっている。特に正長元年（一四二八）以後は土一揆により重大な損害をこうむっている。だがこうした災害にあいながらも、絶えず立ち直り旺盛な活力を持ち続けていた。

二　土倉建築の実態

中世における土倉の建築構造を示す史料は少ない。久安六年（一一五〇）の藤原氏女の「倉内仁火入」という記載(10)は文面から土倉と推定され、(11)また土倉業者焼失の記録も多く残っている。(12)このような事情を考えると、当時の土倉はまだ完全な耐火構造とはなっていなかったと想定されよう。

藤原頼長が天養二年（一一四五）に造営した文倉は、板を下地としてその上に石灰を塗り、戸にもかき灰を塗り付け、屋根を瓦葺きとしたもので、一種の土倉とみることができよう。(13)鎌倉時代前期の造立ともいわれる法界寺阿弥陀堂の内壁に用いられた工法は、木舞《こまい》面に石灰・砂・藁すさ等を混用した砂漆喰状の材料を塗り、その上に石灰または白土を添加して仕上げたものであった。(14)この方法は頼長の文倉と似た工法とみられる。恐らく土倉の一つの型は、以上のべたように板倉の外部に露出する壁や扉などの木部を、土や石灰による漆喰で覆うことから開始されたと考えられる。(15)この工法によると外観は白く美しく仕上がる長所を有しているが、上塗りの剥離防止の方策が問題であり、しかも工法としては上塗りが中心なので高度の技能が必要とされた。

もう一つの土倉の型として、木舞をかいた上に下げ縄を付け、壁土を手打ちなどの方法で厚く塗り上げてつくる方法がある。例えば正暦元年（九九〇）の造営とみられる法隆寺大講堂などでは二重に木舞をかき丈夫な厚い壁が使われているが、(16)この型は上塗りを別とすれば、得やすい材料を未熟な労働力でも可能なことから、古くから一般に存在した工法とみられる。

さて当時の土倉の姿を具体的に示す例として絵巻物がある。春日権現験記絵（一三〇九）一四巻六段に画かれた土倉は次のような注目すべき特徴を有している。第一にこの倉は、今も地方に残る置屋根（さや屋根）形式と呼ばれる古風な土蔵と同じ形式である。すなわち土や漆喰を塗って耐火的とした建物の上に、可燃性の屋根を乗せた形式になっている。火災の時は屋根だけは燃えてしまうが、下の本体は残るわけである。場合によっては屋根を下ろしてしまうこともある。(17)第二に倉は古来高床式のものとされていたが、この倉では外壁を床下から立ち上げ、倉の周囲がふさがっており、外観からは高床式には見えなくなっている。第三に戸前の形式が、「獅子口」ともいわれる、前方に土壁が突き出た形態をとっている。この形式は戸前の収まりが不完全でもある程度は防火上の効能を強化する長所を有している。東北地方の古風な土蔵にみられる。第四に戸前《とまえ》の建具として肘壺付き漆喰塗りの観音開き扉と、奥に引き戸形式の簀戸を有している。観音開き扉の厚みが薄いのが近世のものと異なり、防火的にはまた不完全なものであることを示している。第五に建物全体が戸前庇《ひさし》部分の塗厚から想定して、厚

図53　土倉　（「春日権現験記絵」14巻第6段　焼け残った土蔵『日本絵巻物全集16巻』　角川書店刊　宮内庁三の丸尚蔵館蔵）

図54　狭くすぼまった入口、獅子口を持つ土蔵　福島県本宮町名郷

図55　置屋根、横はめ板形式の土蔵　群馬県片品村下平

く土で塗り込められており、かつその表面は白く漆喰塗りが施されてあるようにみられる。すなわち一般的な木舞式による厚い土壁構法と、高級な白堊仕上げとを結合した白堊塗り込め式構法が適用されたものとみられる。
正宗竜統が寛正五年（一四六四）に建仁寺霊泉院の側に造営した防火書庫は、「四面上下皆土」とあり、[18]上記のような塗り込め式土倉とみられ、当時こうした土倉が相当普及していたことを示すものであろう。また「鹿苑日録」天正十七年（一五八九）二月条には、屋根を不燃化した瓦葺きの土倉建設の記録がみられる。
すでに中世初期の京都においては、明月記によると文暦元年（一二三四）には「土倉員数不知」とあり、かなりの数の存在がみられ、室町時代末期の永禄八年（一五六五）耶蘇会士の記録には、著しい土倉の普及がみられたことを示している。[19]

しかも後述する事実は間接的ながらも土倉の建物としての普及と、それが人目に付くことにより、金融業者ならびに豪商のシンボルとなった状況を我々に示してくれる。十四世紀後半の応安元年（一三六八）には京では窪倉などの屋号が使われはじめ、[20] 能登倉・角倉なども活躍した。[21] 十六世紀には宇治山田にも窪蔵・榎蔵・丹蔵・松蔵などの御師が高利貸として活躍し、[22] 同じ頃松阪でも伊豆蔵・下蔵・雲出蔵・射和蔵・美矢古蔵・鎌田倉の富豪があった。[23] 以上述べた倉名を持つ商人の存在は、彼等の商家としての営業活動において、土倉建築の占める位置がいかに大きかったかを示すものであろう。すなわちこれらの屋号を持つことは商人が相当規模の店舗倉庫を構えていたことを示すものに他ならない。[24]

やがて土倉の名称は業者名としての使用も、建物名としての使用も共に廃り桃山時代になるとほとんど使われなくなった。[25] これは前者では土倉の建築が一般化したことに関係があり、後者では建築としては土蔵の用字が普及して、業者名と区別するようになったことが原因とみられる。

第二節　土蔵造りと城郭建築

一　白堊総塗り込め式城郭の出現

倉庫の技術が単に特殊な技術として終わるだけでなく、建築の主流となるものに対し重要な影響を与えた例として、更に城郭の例がある。

城郭に土壁を利用することは、中世に遡るものと考えられる。一般には鎌倉時代には、門・塀・櫓以外には城郭としての特性のある建造物がみられなかったとされている。[26]十四世紀頃の絵巻物にみられる矢倉《やぐら》は板張りであり、[27]太平記の赤坂城に関する記述にみられるものは、真壁式の荒壁程度の粗雑なものであった。しかし十五世紀になると土一揆に備えて土矢倉を構えた例[28]がみられ、また山田幸一によると塗り込め塀も出現している。[29]戦乱の時代の中で堅固な城郭に対する関心の高まりのなかで、塗り込め式城郭出現の基盤は徐々に準備されていったとみられる。

十六世紀後半から強大になった領主によって、天守を備えた巨大な城郭が次々と造営された。当時の城郭はその大部分が塗り込め式の工法で建設された。初期形式の天守のなかには、丸岡城のように一重の外壁は塗り込め式にしても、軒裏は垂木が素地のままであり、二重目は木部が露出したものや、犬山城のように二重目までは塗り込め式で、[30]三重目は素木《しらき》造りのものがあった。また塗り込め式ではあるが、外部の仕上げは下見板張りを併用したものや、白堊仕上げでなく土壁だけのもの[31]もあったようである。しかしやがて天守は白堊総塗り込め式のものが圧倒的になった。山田によると、天守を中心とする城の外装は慶長五年（一六〇〇）頃を境にして総塗り込め式のものとなったという。[32]総塗り込め式になったことは軍事力の強化につながるわけで、恐らく東西両陣営の対立関係が永続したことに、直接の原因があったものとみられる。

城郭に塗り込め式工法が取り入れられた理由は種々考えられる。まず土壁が防火性と対弾性を有することがあげられる。鉄砲が伝えられて、その貫通力もさることながら、火薬による火矢に対する城郭の不燃化の問題も重要な意味を持っていた。[33]さらに城は戦闘の本拠であるから堅固な防備の建築を短期間に構えるため、得やすい材料を使って、動員しやすい未熟練の労働者を活用して突貫工事を行ったのである。

二　塗り込め式構法の技術的系譜

城郭に用いられた構法を建築的な面に限定して述べれば、基礎工事、躯体《くたい》木工事、壁工事、屋根工事の四種に大別できる。基礎工事では平城が増え、高く基盤を造成し、かつ重量化した建築に耐えうるため、石垣などの構築法に著しい進歩がみられた。躯体木工事に関しては、城郭建築には櫓《やぐら》と多聞（長屋）の二要素があり、天守は櫓が特に拡大したものであるが、初期の天守には、居宅的要素が混在していたが、慶長期のものは軍事目的

図56　丸岡城天守閣　真壁造腰羽目板張であり、初期の天守閣の面影がある。天正4年（1676）

図57　犬山城天守閣　初期の天守閣の例

図58　福山城伏見櫓　古式の構造を伝えている。伏見城の遺構（元和6～8年（1620～1622））の移築

が優先するに至った。堅固な建築を短期間に構えるため、丸太材など加工を簡単にして使用され、多聞などは三間梁に規格化され、割普請などが可能であった。壁工事は土壁の工事と漆喰による仕上げ工事の二種に大別できる。土壁工事では木舞をかき、手打、下げ縄を使用しており、防火性・耐弾性を増すために壁厚の大きいものが好まれた。木舞の組み方には一重の方法[34]と、二重の方法[35]とがみられる。いずれも土蔵に用いられる工法であり、粘土や藁縄などの手近に得られる材料により、未熟練労働者によって容易に建設しうるものであった。更に城郭

図59　姫路城天守閣　最盛期の天守閣、軒方丈とも塗籠造　慶長13（1608）

図60　姫路城壁下地　大天守6階外部　上壁下地　嵌板に打付け　1765　（『国宝重文姫路城保存修理工事報告書 Ⅲ』付図 上 1965より）

では石垣の上に建てる関係上、地割りが不整形になることが避けにくかったが、柱割が外部に露出しない塗り込め式はこの点で好都合であった。一方白堊の仕上げ工事は、これをすることにより外観も良くなり、封建領主の重みを添えたわけであるが、年季のいった技能の優れた専門職人によってなさねばならず、高級で費用のかかるものであったが、仕上げ工事なので、後から行うこともでき、[36] また恐らくこの頃から海藻糊（ふのり）による施工の容易化、費用の低下が計られた可能性も存在する。[37] 屋根工事では不燃化を徹底するため瓦が使用され、軒裏も塗り込められた。なお意匠上変化を求めて各種の破風《はふ》などを加えた複雑な形態が出現した。

塗り込め式構法は上記のうち特に後の三種に直接関係が認められ、それは前節において述べたように土倉によって開発され発達しつつあったものであり、それが城郭建築の要求する条件に適合し、応用されたものである。慶長十九年（一六一四）大坂の陣が始まる前に、大坂方は城外の町屋の土蔵をこわして城の矢倉に転用したこと[38]はこうした事情を説明するものであろう。

さてかくして出現した白堊塗り込め式構法の城郭は、その後どのような影響を及ぼしたであろうか。まず重要なことは土壁にみられる一般的な技術と、白堊にみられる高級な技術を結合させ、土蔵造を普及させる契機をつくり出したことにある。城郭建築が下火になったとき、その技術は城下町等の建設、武家屋敷や町家に取り入れられ、やがて土蔵造りの町家が出現した。都市の悪い地盤と不整形な敷地にもかかわらず、城郭によって向上した技術は有効であった。町家のなかには例えば池田家本などの「洛中洛外図」にみられるような三階蔵も現れ、八棟造り店舗も盛行した。以上のようにかつて土倉において形成された構法が、白堊塗り込め式構法の基盤となり、それに大きな影響を与えたが、また城郭建築を通じて技術的向上もとげ、土蔵造を生みだし、日本の建築歴史の上に大きな影響を与えたことが指摘されよう。

注

(1) 義江彰夫「国衙支配の展開」『岩波講座日本歴史四』岩波書店、一九七六年、五六〜五七頁。
(2) 西岡虎之助「荘園における倉庫の経営と港湾の発達との関係」『荘園史の研究』岩波書店、一九四二年。
(3) 豊田　武『日本商人史中世篇』東京堂、一九四九年、六八〜六九頁。
(4) 原田伴彦『中世における都市の研究』講談社、一九四二年、二三六〜二三七頁。
(5) 『宣胤卿記』文明一二年(一四八〇)九月一五日条「或以土塗塞之。或以筵覆蔵之。」
(6) 原田伴彦『日本封建都市研究』東京大学出版会、一九五七年、一五四〜一五六頁。
中村吉治『土一揆研究』校倉書房、一九七四年、四四八頁。
(7) 倉本とか庫倉とも併称された。
(8) 奥野高広「室町時代における土倉の研究」『史学雑誌』四四の八号、一九三三年一月。
(9) 豊田　武『日本商人史中世篇』東京堂、一九四九年、一三〇頁。
(10) 『大徳寺文書二〇』久安六年(一一五〇)四月八日条。
(11) 伊藤ていじ『中世住居史』東京大学出版会、一九五八年、一九五頁。
(12) 豊田　武『日本商人史中世篇』一一〇頁。
(13) 太田静六「文倉の防火対策」『日本建築学会論文集』六三号、一九五九年一〇月。
(14) 山田幸一『日本壁の歴史的研究』一九六一年、七三〜七五頁。
(15) 第三章第一節　四　土倉。「貞観交替式」応早作土屋及被焼損官物稲填納事、延暦五年(七八六)八月七日、『国史大系』三〇〜三一頁。参照。
(16) 『国宝法隆寺保存工事報告書』第六冊、一九四一年、三五三〜三五四頁。
(17) 注(15)の史料に似た例がみられる。
(18) 「秘密蔵記」『五山文学新集四』一九七〇年、四一頁。太田博太郎「日本防火史」『建築学大系二十一』一九五六年。参照。

(19)「富者及び貴族は構内に土を以て造りたる甚だ堅固なる家を有し、之にその財産を納む」村上直次郎訳『耶蘇会士日本通信上』一五六五年九月十五日、雄松堂出版。
(20)豊田　武『日本商人史中世編』一〇九頁。
(21)豊田　武『日本商人史中世編』七一～七二頁・一二三頁。
(22)豊田　武『中世日本商業史の研究』岩波書店、一九五二年、三七三～三七四頁。
(23)大西源一『伊勢松坂城及びその城下町』飯南多氣郷友会誌特別二号、一九三三年、一五～一七頁。
(24)豊田　武『日本商人史中世篇』一二七頁。
(25)伊藤ていじ『日本の倉』淡交社、一九七三年、七二頁。
(26)大類　伸・鳥羽正雄『日本城郭史』雄山閣、一九三六年、二〇九～二一五頁。
(27)「粉河寺縁起絵」、「一遍聖絵」など
(28)『蔭涼軒日録』長享三年（一四八九）六月十日、十二日条。
(29)山田幸一『日本壁の歴史的研究』一九六一年、一〇二頁。なお永禄八年（一五六五）の「相州文書」『玉縄清水曲輪塀被仰付事』に塀材料の明細がある。
(30)美濃苗木城は赤土のままだったので、赤壁城ともいわれている。また伊賀上野城では城の櫓の赤壁を、寛永五年（一六二八）になってから白壁に塗りかえた。『伊賀上野城史』伊賀文化産業協会、一九七一年、四四九頁。
(31)丸岡城・岡山城・松江城等。
(32)山田幸一『日本壁の歴史的研究』一九六一年、一一七頁。
(33)伊藤ていじ『城　知恵と工夫の足跡』読売新聞社、一九六五年、七七頁。
(34)『国宝重要文化財姫路城保存修理工事報告書Ⅲ』文化財保護委員会、一九六五年。
(35)山田幸一『日本壁の歴史的研究』一九六一年、一〇七頁。
(36)注（30）参照。
(37)山田幸一「壁」、『文化財講座日本の建築四近世Ⅰ』第一法規出版、一九七六年、一一三頁。
(38)『前橋旧蔵聞書』伊藤ていじ『日本の倉』淡交社、一九七三年、七二～七四頁。参照。

結

以上述べた諸点が解明されたが、改めて強調したいことは、古代においては板倉、中世おいては土倉の建築によって、すなわち古代・中世を通じて倉庫を中心として発達普及した技術が、やがて社寺・住宅・城郭といった中心的な建築の技術的基盤を形成し、変革の基礎となった事実である。すなわち単に倉庫建築の歴史を解明しただけではなく、板倉と土倉とが二回にわたって、建築の主流に対して大きな影響を与えたことを確認できたことである。

総括

本研究により解明し得た諸点の要約をかかげ結論とする。

1　律令国家確立と対外状勢の緊迫化とから、七世紀において備蓄拡充のために、穎倉に代わる穀倉の開発が要請された。

2　八世紀初頭には穀倉の形式が完成しており、穀倉の中心となった不動倉の建設が推進された。

3　穀倉は穎倉に比していくつかの建築的条件が必要とされた。まずバラ積み穀を貯蔵するので、倉の壁体は隙間がなく、塞等の設備を要した。また正確に計量するため、内壁面は平滑でゆがみのないことが必要だった。穀倉は同規模の穎倉と比べて三倍の稲穀を収納できた。そのため穀倉は格段に丈夫な構造であることを要した。

4 穀倉でも不動倉の場合は管理が特に厳重であり、開閉が不自由だったので、建物自体収蔵物が乾燥し易い構造であることを要した。

5 穎倉には倉の他、屋等が使われ、穀倉には倉だけが使われた。特に不動穀倉には原則として甲倉・板倉が使われた。

6 穀倉の設計寸法は、柱脚では心心制がとられ、収容力に関係する内法寸法はその結果決定された。

7 穀倉の高さとは内法寸法というよりも、倉壁に付けられた目印に近いものであったとみられる。

8 穀倉が満倉とされるのは、倉高に対して九割以上となったときで、それ以下の場合は未満とされた。

9 穀倉の規格は目標量以上の容積を意図して計画された。

10 穀倉の規格の存在は、実質容積表にみられる数値のまとまりの存在により証明され、また近似の容積をもつ倉相互には、倉の長さ・広さにも似た関係がみられる。

11 丸木倉は倉のうち一番小規模である。長さ／広さは一に近い。

12 屋は規模の大きい例もあるが、小さいものもあり、偏差が大きい。長さ／広さが一番大きく、細長い平面を持つ。

13 板倉は倉の中では最も平均規模が大きい。

14 甲倉は板倉に次いで大きい。甲倉は高さが高く、小規模で高さが比較的低い場合でも、高さ／広さでは最も大きい。

15 板倉と甲倉とでは長さ／広さは概して似ている。しかし偏差は甲倉が小であるのに対し、板倉はやや大きく、細長い平面の例もみられる。

16 板倉による郡衙の正倉では、奈良時代のものに比して平安時代のものは容積で倍増している。しかし長さ／広さでみると大差ない。これは構法の本質が変わらないからである。

17 屋根葺材では瓦・檜皮・板・草葺の順に質が低下する。

18 甲倉と板倉とでは甲倉の方が瓦葺きが多くみられる。これから甲倉の方が板倉より良質のものとみられる。

19 正倉は高床形式が原則であった。それ以外の倉庫施設として屋・倉下・倉代があった。これらは貯蔵性能は倉に劣るが、出納に便利等の点から短期間の収蔵の場などに使われたが、貯蔵性を重視する正倉では第二義的のものであった。三者は次のように推定される。

屋　：高床でなく、倉庫としては質的に上級でない、細長い平面の建物。

倉下：高床でない倉。

倉代：高床でない横はめ板方式の建物。

20 あぜ倉組み渡来以前の稲倉は穎を収蔵した。弥生時代のものは、細材による緊結・ほぞ差し・せいろう組みによる結合方式を用いていた。

21 古墳時代のものには大材による土居・台輪及び横はめ板方式の板倉が出現した。

22 五世紀頃あぜ倉組が渡来した。当時のあぜ倉は丸木倉であり、稲倉として穎を収蔵した。丸木倉は正倉として副次的なものとして、初期に使用された。

23 七世紀以降開発が要請されていたバラ積み穀倉として、丸木倉の改良が進み、やがて正倉としての諸条件を備えた甲あぜ倉が生まれた。ついで横はめ板方式の板倉が盛行し、共に正倉の中心となった不動穀倉に使われた。

24　甲あぜ倉はバラ積み穀倉と正倉（特に不動倉）との、双方の機能的必要を満足させ、かつ材の加工・施工技術の綜合的調和の上に生み出されたもので、日本独自のものであり、初期における正倉の中核となった。

25　甲あぜ倉には生産上・技術上の制約があったので、間もなく正倉の中核から退き、宝庫として形骸化する。

26　横はめ板式板倉は、甲あぜ倉と同様の機能的条件を満足し、かつ大容量の穀倉をつくる場合でも、用材の経済性・平面の自由性などの長所によって、八世紀以降正倉の主体となった。

27　地方官衙における正倉は律令国家における重要な施設であり、全国的に数多く建設された。その建設にあたっては中央の統制の下に、計画的に規格性の高い建物として建設された。

28　地方官衙における建築生産組織は、中央の上級技術者の指導を受け、主に下級の職能を担当した。やがて正倉特に八世紀以降その主体となった板倉等の建設活動を通じて、徐々に組織の充実と技術的水準の向上をみ、中世への出発に際しては、国衙系建築生産組織として活躍した。

29　和様仏堂の壁には土壁のものと、横はめ板方式の板壁とがあり、中央では土壁が多く、地方では板壁が多かった。中世以降禅宗様が普及し架構材の貫を利用した薄板による縦ばめ板方式がもたらされた。やがて和様は貫の使用を受容したが、横はめ板の伝統は永続した。

30　地方における和様仏堂において、平安時代末期以降南北朝時代に至るまで、横はめ板方式によるものが極めて多いのは、国衙系建築生産組織を通しての地方官衙における板倉の影響とみられる。

31　横はめ板方式は和様仏堂ばかりでなく、神社や寝殿造りや書院造りなどの上層住宅にも広く普及し根強い伝統を有した。

32 地方において土倉が普及するのは、耐火建築に対する要請の他に一〇世紀以降、律令制が解体過程にあって、不動倉の制度が衰退したこと、かつ倉の管理権の分散弱体化が行われたことが大きな理由になった。同時に収穫調整法の変化等によって穀の容器として俵が一般化し、俵による貯蔵が行われるようになったことによる。

33 都市化の進んだ中世においては、建築不燃化への社会的要請は極めて強かった。こうした背景によって土倉は板倉に代わって倉庫の主役に変革した。

34 土倉建築の存在が中世における商業資本の中心をなした金融業者の象徴となり、金融業者の呼称として土倉の名が使われた。

35 古代から中世初期における土倉は、板倉に土や石灰で上塗りをしたものと、木舞式による厚い土壁を塗ったものがあった。

36 木舞式による厚い土壁と、漆喰仕上げとを結合した、白堊塗り込め式土倉が中世において形成された。

37 土倉に用いられた白堊塗り込め式構法が、単に倉庫の技術として終わるだけでなく、近世建築の主流の一つである城郭建築に、白堊総塗り込め形式を出現させ大きな貢献をした。

38 近世初頭白堊総塗り込め形式構法による城郭の建設が、大規模に展開したことは、施工技術の向上と生産組織の能力拡大をもたらし、以後における土蔵造り建築を普及せしめることになった。

付章一　あぜ倉・せいろうなど積重式構法に関する用語規定

一　はじめに

あぜ倉(1)やせいろうなどの、木材を横に積み重ね、端で交差する構法については、日本においては倉庫にみられる特殊な形式と考えられていた。例えば伊勢神宮外宮には、御饌《みけ》殿と呼ばれる板でつくったあぜ倉形式のもの（板あぜ倉）が残り、また戦災で失われた熱田神宮には、以前神剣を奉斎していた土用殿があって、同形式の建築であったことは知られていた。しかし十五世紀以前における伊勢神宮の内宮・外宮の正殿以外の社殿がこの構法であったことが解明され、(2)神社建築との強い関連が考えられるようになり、さらに近年秋田胡桃館遺跡において、この構法による古代末期とみられる住居等が発掘されたこと(3)によって、本構法が日本建築の形式発展の上で果たした役割について、過小評価することは出来なくなったとみられる。本稿はこのあぜ倉・せいろうなど積重式構法に関する用語が、研究者によって多様であり、混乱がみられることから、本構法に関する用例ならびに事物に関する構成原理を分析し、もって用語規定を明確にし、研究の精緻を意図したいと思う。

二　あぜ倉の用例と構法

現在あぜ倉には二つの異なった用例がみられる。一つはあぜ倉を甲倉とみることにより、壁体構成材（あぜ木）が正倉院宝庫のような特殊な断面形状（いわゆる大面取りの三角材、あるいは六角形または五角形）のものに限定する場合であり、他は甲倉及び同種構法のものを、断面形状に関係なく広くあぜ倉とする場合である。

62　日本のあぜ倉　奈良市東大寺勧学院経庫　奈良時代

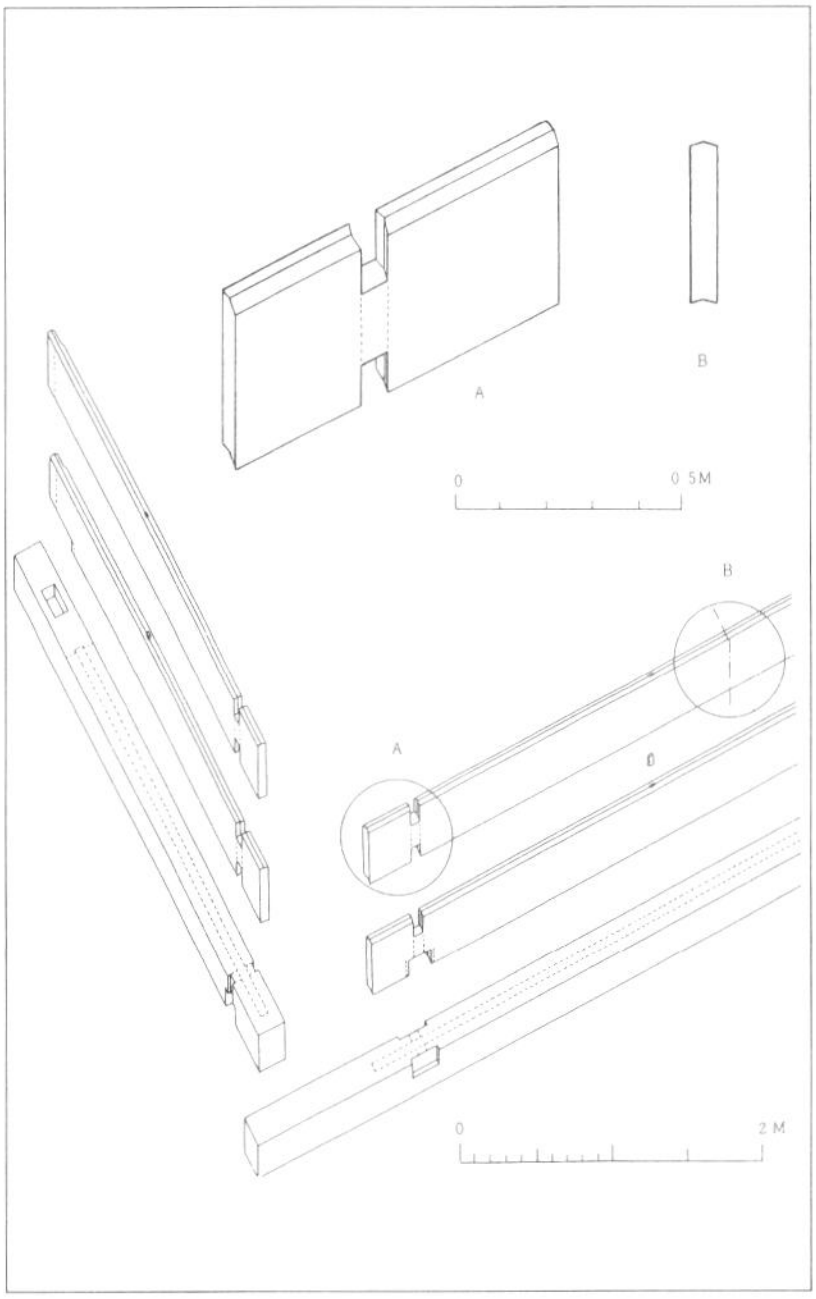

61　胡桃館遺跡　古代末期住居組立図　秋田県鷹巣町（『胡桃館埋没建物遺跡第2次発掘調査概報』1969 p33より）

63　外国のあぜ倉　丸木倉　モスクワ　コロメンスコエ博物館

前者は足立康の意見[4]に代表され、古代の文献に見られる甲倉が漢音から転訛して校（こう）倉と書かれ、さらに一転して校（あぜ）倉になったとするものであり、甲倉があぜ倉であるとみる考え方である。さて甲の意味には、①よろいの意味で壁体の外形にもとづく。[5]②甲は第一という意味で、整備せる構法の倉の美称である。[5]③あぜ木が六角形だから亀甲倉と呼ばれ、略して甲倉となった。[6]④大面取の三角木が第一級だから甲倉とした。[7]などの諸説が発表されている。このうち①②からは、必ずしも壁体構成材が、六角形とは断定できない。一般に有力とされている③④とに示された見解では、甲倉は六角形の構成材を持つものに限定される。

次に後者は、村田治郎の説[8]によるもので、あぜ倉のあぜは本来の語義である交叉からきたものであり、校をあぜとよむ以上は、甲倉とあぜ倉とは同じとはいえない。従ってあぜ倉の名称は、甲倉ばかりでなく、原始的な丸木倉[9]をも含めて、この種の構法を持つもの全体を表現するのが妥当であるとする。

以上述べたあぜ倉の用例において、特に問題となっているのは壁体構成材の断面形状に関することである。しかしこの点の相違は、この種構法の原理をなすものの相違よりは、多少重要度が低い問題とも思われる。前者のように壁体構成材の形状の相違によって、あぜ倉の名称を甲倉にのみ限定使用することは、あぜ倉の名称が普及している実状からは不適当に感じられる。しかも古代の文献にみられる板校倉[10]という名称は、あぜ倉を構成材によって区別した一つの証拠とも考えられる。[11]以上の理由によってあぜ倉はこの種の構法の名称として、壁体構成材の断面形状に関係なく、一般的な名称とし、かつあぜ倉は丸木倉を構法の原形とする観点に立ち、甲は構成材の断面形状が六角形（大面取りの三角形）を示すものとし、甲あぜ倉・板あぜ倉・あぜ倉（丸木倉）とよぶことを提案する。

あぜ倉の構法については、名称を広義にとることによって、正倉院宝庫などの甲あぜ倉[12]、板あぜ倉[13]、諸外国に存在するあぜ倉（丸木倉）[14]等について分析すると次のような特徴がみられる。あぜ木の組合せの方法は、材端からやや内側に入った位置で、材を相欠きにして行ない、渡りあごに似た形を示す。すなわち接合部ではあぜ木の上面・下面とで材厚の半分程を欠きとる。あぜ木を積み上げる際は、上から下に降ろし重ねることで組み合わすことができる。四隅にはもとのあぜ木の大きさを示す組み出しがみられる。この構法では材の組合せはお互いにつながりあう互組《たがい》[15]を原則とする。大材を使う場合でも、加工と構成は単純であり、これならば横力に対して圧縮・引張り共に耐力を有する。

三　せいろうの用例と構法

せいろうの名称には二つの系統[16]がある。一つは中国の文献にみえる井幹楼にもとずくもので、例えば前漢の武帝が建てた井幹楼については「築累万木転交架井幹」の注[17]があり、木材を井桁に積んだあぜ倉のような構法と推定される。中国ではこの種の構法を、井幹式と表現している。これに対して日本では井楼・蒸籠などが使われており、この相違の原因は明確でない[18]。

もう一つは日本でせいろう（せいろともいう）と呼ばれる器物には種々の形態のものが含まれているが[19]、そのなかから本稿の目的とする、材を横に積み重ね、端で交差する構法のものを選別すると[20]蒸器・米（穀）ひつ・倉がある。まず蒸器は米を蒸す調理用具で、板を井桁に組み込んで枠をつくり、二段か三段に積み上げ、釜などの上にのせ米などを蒸し上げるものである。蒸籠とか井籠また井楼とも書かれる。米ひつは米を貯蔵するための容器で、板で造った木枠を積み上げるものである。箱せいろうと呼ばれることもある。これらは日本に広く分布しており、一般的な名称となっている。

蒸器と米ひつにみられる形態には、板をほぞ差しによって結合させる方法が行われ、しかも両者にそれぞれ二つの共通した形式がある。すなわち一方は材端に造り出された凹部と凸部のほぞを、相互に組合せる結合であり、もう一つは材端のほぞと、材端に近い位置に設けられた、ほぞ穴とによる結合である。ほぞを使用する関係上両者とも、横方向から差込んで組合せ、それがすんでから積み上げる。この構法では外部からの圧縮には強いが、内圧（外からの引張り）には、構成材自体には抵抗力はなくその対策として通常は、楔・栓・釘などが使用される。また枠板の合わせ目の上下に凹凸を付け外れないようにすることも行われた。なお材の組合せの際、枠状のものとしてから積み上げる関係上、普通は平組となる。

次に倉でせいろうの名称のものは、主として本州中部の山間部(21)において見出され、角材の材端を相欠きとして組合せ、それを積み上げたものである。組方には、互組・平組ともにみられるが平組が多いようである。組み

64　せいろ　蒸籠（調理用具）春日井市下市場（『写真でみる下市場』土地区画整理組合1998より）

65　米ひつ・青森県三沢市・渋沢公園民俗博物館

66　前掲　米ひつ部分

67　こくびつ　せいろう　群馬県佐波郡境町島村（柱を使う形式はここでは除外する）

出しはないものがある。地方によっては、せいろうと呼ばず、「ばん積み」[22]「板詰め」[23]などの名称もある。

前述した中国の井幹楼に基づいたせいろうは、あぜ倉とも考えられるが、実態は明確でない。また日本の一部にみられる、せいろうと称する倉の例では、あぜ倉に類似の点もあって際立った特性は見出されない。このことが今迄諸学者[24]によって、せいろう組みがあぜ倉を含めた総称として使われてきた理由でもあった。しかしながら日本に普遍的に存在する、せいろうと称する蒸器・米ひつには、それぞれ二種の共通した特性を持つ構法が認められよう、これによってせいろうの構法として代表とすべきものではなかろうか。その点を検討するため、次に類似構法について考察する。

四　両者に関する類似構法の諸例

①神奈川県津久井郡・静岡県駿東郡などに分布する板倉[25]にみられる型。形式は後述の③と近

68　片波郷蔵　京都府北桑田郡京北町

69　旧星家板倉　福島県南会津郡檜枝岐村

似するが、小穴形式の溝に差込む構法のもの。材は板。せいろうの一形式といえよう。

②京都府京北町の倉[26]にみられる型。角材による構成で、材の一方の内側に小穴状[27]の溝をつくり、他方の材を差込んだ形のもので、それを上下相互に繰り返して積み上げる形態のもの。あぜ倉とせいろうとの中間型とみられる。

③福島県桧枝岐村の板倉[28]にみられる型。これは前述した蒸器・米ひつのせいろうの構法で述べた、ほぞ穴によるものと同形式の倉である。材は板。

④英彦山神社板倉[29]、欧州の板倉[30]などでみられる型。角材による組合せ部に渡りあご形式を使わず、「アリ[31]」を用いて構成し、その結果組み出しはない。しかしありが働くので耐力を有する。あぜ倉に比して進んだ形とみられる。外国の場合は互組が原則である。

70　木曽のせいろう倉　長野県木曽福島町

71　英彦山神社板倉　アリ付き　福岡県田川郡添田町

73　外国のあぜ倉　アリ付き　ストックホルム・スカンセン野外博物館

72　前掲英彦山神社板倉の組方細部

五　構法の比較と史的考察

あぜ倉とせいろうの構法を比較すると、まず壁体構成材は、あぜ倉では角材・板材・丸木など種々のものが使用されるのに対し、せいろうでは板に限定される。また組合せのための加工位置では、あぜ倉は材端から離れた内側で行われるのに対して、せいろうでは材端（少なくとも一方は材端）を加工する。組立法はあぜ倉では、材を上から下に降ろし積み重ねていくのに対し、せいろうでは横からほぞを差込んでから積み重ねる。材の組方は、あぜ倉が互組を原則とするのに対し、せいろうでは平組が多いなどの違いがある。

これを分析すると、あぜ倉では構成材に関しては太く長い材でも使えるので、規模においてもある程度の自由がみられるのに対し、せいろうでは板材を使う関係上制約がみられる。構法の強度については、あぜ倉がその独自の組方から木造では比較的対応が困難である引張りの力に対して抵抗力を持つのに対して、せいろうはそれ自体の材では耐力を持たず、楔・栓・釘などによって補強が必要となる。

次にこれらの構法がいつから存在したかを、考古学的遺物等によって分析する。あぜ倉に関しては、中国においてすでに前漢の時代において存在したことが、雲南省石寨山出土銅鼓形貯貝器の紋飾[32]から確認され、また高句麗においても五世紀に存在したことが、吉林省麻綫溝から発見された壁画[33]で確かめられている。恐らく日本には五世紀頃あぜ倉の技術が渡来人などによって伝えられたのではなかろうか。せいろうに関しては、弥生時代の遺跡とみられる登呂や山木から出土した高倉は、一種のせいろうとみられ、柱や梁によって架構をつくり、その内部に壁体が組まれていたとみられる。[34]登呂の場合には板材の加工法については、発掘記録者によって相違がみられるが、いずれにしろ加工部分が材端部であったことからみて、この構法はあぜ倉ではなく、せいろうに近似したものというべきであろう。せいろうとみられる構法のうち、四―①でのべたと同種のものが漢代の木棺にみられ、日本においても木棺[35]あるいはその形を模したとみられる組合式石棺において五世紀頃盛行した[36]。井戸枠に関しても蒸器等にみられた二つの形式がみられ、七世紀以降普及した。またあぜ倉のものは八世紀に遅れて出現している[37]。

このようにあぜ倉とせいろうという構法は、二つとも古代以来行われており、二つの形式はそれぞれ区別して考えることが妥当とみられる。

六　用語の規定と適用

以上述べたように、あぜ倉とせいろうとは、その特性を異にし、あぜ倉が大材による規模の大きい施設も可能であるのに対し、せいろうは小材による小規模の施設向きともいえる。このことは史的変遷からも知ることができ、両者は区別することが望ましく、今までのように、例えばあぜ倉の構法を説明する際にせいろうの名称を使うことは避けたい。両者を統合する総称としては、あぜ倉などの構法を説明する際に、先学の識者[38]がしばしば使用された井桁の語を使用し、井桁式とすることがわかりやすくもあり、かつ、この名称は井幹式の井幹に通じるものであり、最も適当と考える。また構法の名を表わす際は、あぜ倉組み[39]、せいろう組みの名称を使うようにしたい。

なお四―①はせいろう組の一形式、四―②、③で述べたせいろうと呼ばれる倉はせいろうとあぜ倉組の中間形態、四―④の倉はあぜ倉組の特殊形式とみられる。したがって

・材を横に積み重ね、端で交差する構法によるものを、井桁式と称する。
・あぜ倉組みとは、井桁式構法のうち、原則としてあぜ木の組み出しを有し、組合せの方法が上からの接合のみに限られるもの、互組に組まれることが多い。
・あぜ倉の特徴として、あぜ木の大きさや形態が自由であり、加工組立の原理は単純で、組合部の強度は大きい。
・あぜ倉は、あぜ木によって、甲あぜ倉、板あぜ倉、あぜ倉に分類される。
・あぜ倉組の特殊形態として、外部に組出しのないアリ形式がある。
・近世のあぜ倉には外形だけを模した擬《ぎ》甲あぜ倉がある。
・せいろう組みとは、井桁式構法のうち、原則として壁面構成材の端部にほぞを設け、組み合わせ、または差込

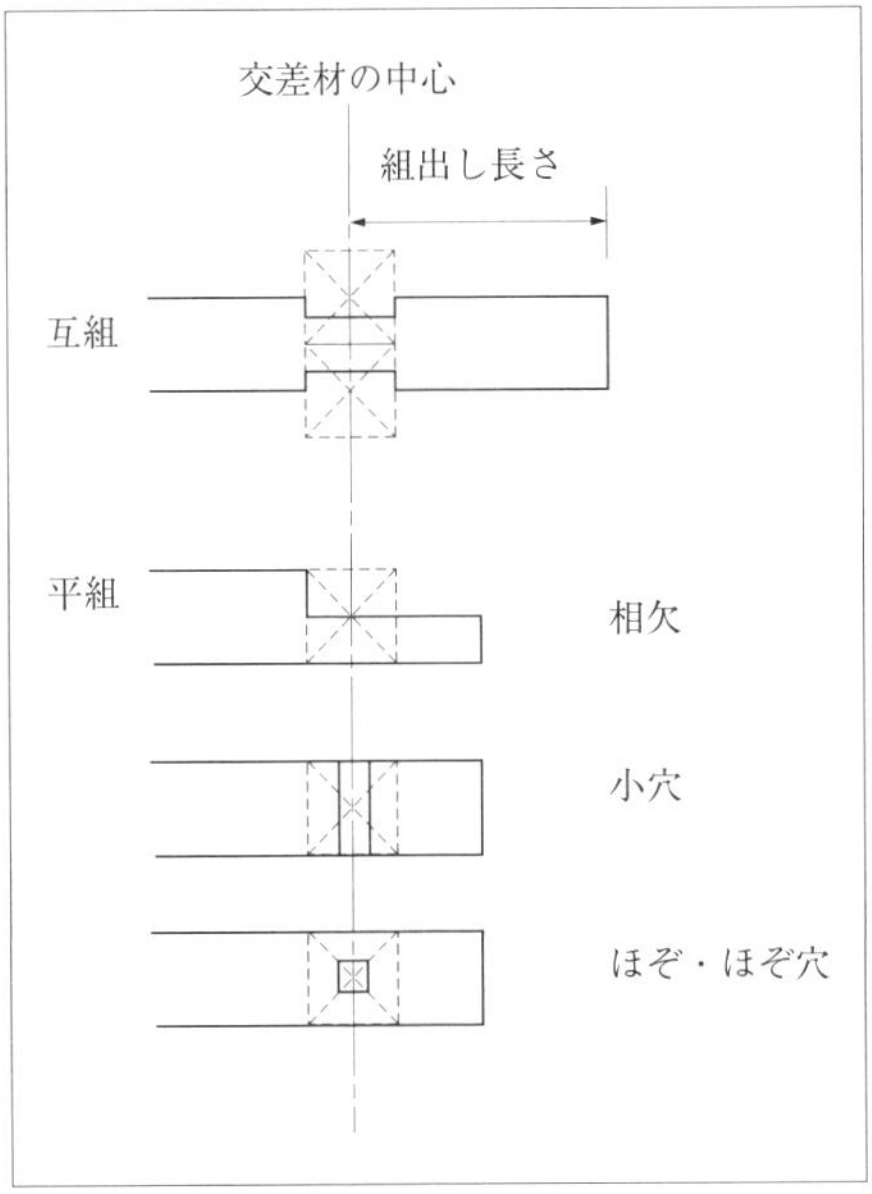

74　あぜ倉とせいろうの比較

むことによって結合をなすもの。

・せいろう組みの特徴として、板を構成材として加工組立の原理はやや複雑で、平組に組まれることが多い。組立部の強度はそれ自体では小さいので補強の必要がある。

・せいろう組みは、相欠き、ほぞ・ほぞ穴形式、小穴形式に分類される。

注

(1) 本稿では校の音訓をあつかう関係上あぜと書く。

(2) 福山敏男『神宮建築に関する史的調査』一九四〇年。『伊勢神宮の建築と歴史』日本資料刊行会、一九七六年。

(3) 秋田県教育委員会『胡桃館埋没建物遺跡第二次発掘調査概報』一九六九年。

(4) 足立　康「校倉に就いて」『建築史』一の六号、一九三九年。

(5) 竹島　寛「古寺院の僧坊及雑舎」『歴史地理』四九の二号、一九二七年。

(6) 足立　康「校倉に就いて」『建築史』一の六号、一九三九年。

(7) 村田治郎「甲倉という名称の解釈」『史迹と美術』二二三号。

(8) 村田治郎「正倉院の建築」『学芸』四の八号、一九四七年。同「正倉院の建築」東方学術協会編『正倉院文化』一九四八年。

(9) 丸木倉が積重式構法のものと考えることは通例となっており、また古文書記載寸法による分析からも然るべく考えられる。諸外国の例でも丸木（丸太）による積重式構法のものが一般的である。

(10) 宇治院資材帳写　貞観三年（八六一）、『平安遺文』一三三文書。

(11) 西大寺資材流記帳　宝亀十一年（七八〇）、『寧楽遺文』にある板甲倉からは甲倉が校倉の意にとれる。また田中重久「正倉院勅封蔵式建築の研究」『史迹と美術』、二一九～二二五号、一九五一～五二。では板甲倉を板と甲の二種の混合とみる。

(12) 石田茂作『校倉の研究』便利堂、一九五一年。これによると、平安時代から鎌倉時代かけて、あぜ倉に本質的な変化があったという。したがってここでは奈良・平安時代の八例を対象として考察した。
(13) 拙稿「板校倉の一考察」『日本建築学会大会講演梗概集』一九六九年。
(14) 諸外国の分布については、村田治郎「東洋建築系統史論」『建築雑誌』五四四～五四六号、一九三一年、参照。
(15) 交互組ともいう。阪谷良之進「帝室博物館の校倉を語る」『画説』一九三九年、参照。
(16) 中村達太郎『日本建築辞彙』丸善、一九三一年。せいろうくみの項の説明による。
(17) 『史記』孝武記第十二、および司馬貞『索穏』。石田茂作『校倉の研究』一九五一年、二頁、参照。
(18) なおせいろうは、近世の文献では兵事関係のものにもみられる。
(19) 拙稿「東日本におけるせいろう造り倉庫」『日本建築学会東海支部研究報告集』一九六四年。付章二に収録。
(20) せいろうと呼ばれていても、柱を使うものは除外する。
(21) 石原憲治『日本農民建築』聚楽社、一九三四～一九四三年。
(22) 岐阜県恵那市安江赳夫氏による。
(23) 岡山県新見市では板詰め倉と呼ばれている。
(24) 前掲、足立康「校倉に就いて」、村田治郎「東洋建築系統史論」を参照、村田はこの種の構法を井籠組と呼ぶことを提案している。
(25) 石原憲治『日本農民建築』聚楽社、一九三四～一九四三年。『日本農民建築の研究』南洋堂書店、一九七六年。
(26) 川島宙次『滅び行く民家・屋敷まわり・形式』一九七六年、主婦と生活社。一〇三～一一三頁。
(27) 小穴とは細い溝のこと。
(28) 村指定文化財の板倉。21の文献参照。
(29) 和田彦一「彦山の建築　一　板倉造」『郷土田川』一五号
(30) 欧州では北欧に広くみられる。
(31) アリ　鳩尾状に先が広がった仕口や継手をいう。
(32) 安志敏「干欄式建築的考古研究」、『考古学報』一九六三年一月。
(33) 吉林省博物館輯安考古隊「吉林輯安麻綫溝一号壁画墓」『考古』一九六四年十月。
(34) 『登呂前編』、毎日新聞社、一九四九年。『登呂本編』毎日新聞社、一九五四年。
後藤守一『伊豆山木遺跡』一九六二年。

(35) 八幡一郎「日本古代の稲倉」『東京教育大学文学部紀要』五六号、一九六六年。『奈良県史蹟名勝天然記念物調査報告　一二』等。

(36) 小林行雄『続古代の技術』塙書房、一九六四年。

(37) 山本　博『井戸の研究』綜芸舎、一九七〇年、二一〇〜二一一頁。「橿原」『奈良県史蹟名勝天然記念物調査報告一七』。山本説は井戸枠について、地上部は井桁、地下部は井筒としており、井筒については板によるせいろうは七世紀中頃からみられ、あぜ倉はそれに遅れて出現している。なお井筒の場合は地下での使用のため、せいろうの場合と違って作用の向きが反対になる。外からの土圧に耐えることが重要となる。

(38) たとえば、石田茂作『校倉の研究』一九五一年。福山敏男「東大寺の諸倉と正倉院宝庫」『美術研究』一六六号、一九五二年など。

(39) いわゆる甲あぜ倉などの建築様式に拘束されず、壁体の構法を強調する目的として「組み」とする。

付章二　東日本におけるせいろう造り倉庫について

一　はじめに

本稿[1]であつかう倉庫は、各地で慣習的にせいろうと呼んでいる倉のなかで、柱を立てその間に厚板を落とし込んで外壁とした板倉や、扉あるいは引き戸により内部に入ることの出来ない、単なる穀物の容器である穀ひつは除外する。[2]またここでは民家にある倉庫について扱い、社寺に多い断面が三角形または五・六角形をした木材を壁体として組み上げた校倉造り倉庫については触れない。[3]このせいろう造り倉庫は日本各地に分布しており、とりわけ東日本に多数分布している。[4]

二　分布の概要

資料により、せいろう造り倉庫の現存する地方は、次のようになる。

長野県― 諏訪・佐久地方に多く、ついで木曽・伊那地方にもみられる。北部には少ない。

群馬県― 利根・吾妻地方に最も多いほか、赤城山麓の勢多郡にも多い。

以上二県は日本で最もせいろう造り倉庫の多い県である。

山梨・静岡県― 富士山麓を中心として山梨県南都留郡と静岡県駿東郡に多く分布している。

岐阜・愛知県― 共に東北部に少数分布する。

埼玉県― 長野県境の秩父郡に分布するほか、熊谷付近の平坦地にもわずかにある。

福島・茨城県―両県境の阿武隈山地に分布する。また会津の檜枝岐村にも存在する。(5)
新潟県―一部に存在する。
石川県―能登半島の珠洲市に特殊な例がある。

三　せいろう造り倉庫の分類と実例

A　積み重ね式せいろう造り(横せいろう)

最も普通にみられるせいろう造りである。基礎石の上に幅一五～二四センチ、厚み六～一二センチの栗または松の角材を使い、井桁に組んで壁を積む作りである。隅の組み方は相欠きホゾとして井桁に組むことが多い。端部の組み出しは二～六センチ程度である。材相互の組み方は平組に組まれることが多い。角材の積み重ねを丈夫にするために〇・九メートルほどの間隔に、二・四～三センチ角の木のダボが使われている。こうして三～四メートル積み上げた上に更に三角形の妻部を積み上げ、その上部に太い地棟梁《じむね》を渡りあごで乗せる。地棟から軒桁に厚さ六～七センチの厚板で縦野地とし、普通は垂木は使わない。梁間が大きい場合とか、建物が比較的新しい場合には、垂木や梁を使用した例もみられる。出入り口を設ける際は両側に柱を立て、壁材を落とし込む場合が多く、ホゾにより固定する。外壁はせいろうの木組を露出する場合と、土を塗りかぶせて土蔵造りとする場合とがある。土蔵造りとする場合は、壁本体の外部に一・五センチ角の木釘(なら等の堅木を使う)または竹釘を約五センチ残して打ち込む。次にこれに縄を結び壁土を塗る。この手法の外に、壁体の外部に竹の木舞をして壁土を塗る例が群馬県にみられる。

75　豊田家せいろう倉　茨城県北茨城市

76　前掲豊田家せいろう接合部分

77　御座入郷蔵　群馬県利根郡片品村

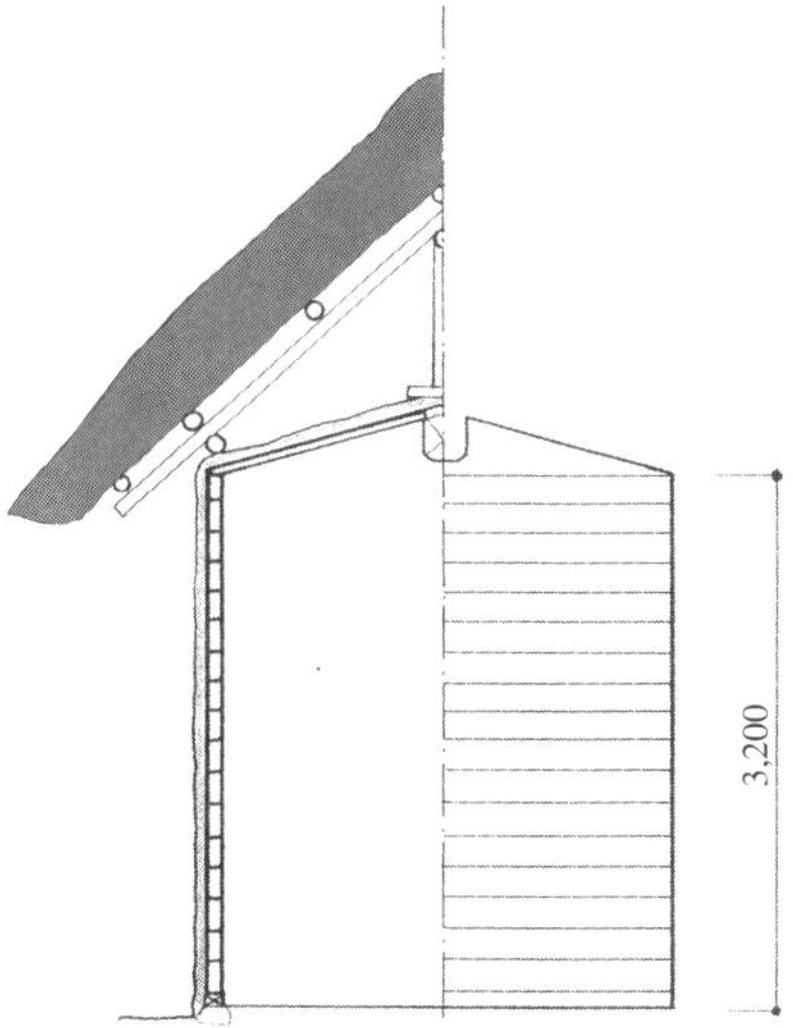

78　御座入郷蔵断面図

79　宮川家せいろう倉　埼玉県秩父郡大滝村

80　土村郷蔵　長野県南佐久郡小海町

82　伊藤家せいろう倉内部　愛知県東加茂郡旭町閑羅瀬

81　高坂家せいろう倉　福島県東白川郡鮫川村塚本

83　伊藤家せいろう倉　愛知県東加茂郡旭町閑羅瀬

84　安江家せいろう倉　岐阜県恵那市中野方

85　安江家せいろう倉内部

表18　普通積み重ね式せいろう造り倉庫

所有者名称	所在地	規模			構造	平・互組	校木（ミリ単位）		小屋その他数値はミリ
		桁行	梁間	高さ			厚み	組出長	
高坂家金蔵	福島東白川鮫川	4.8 m	3.4 m		土蔵２階		150		合掌に野地板厚24
豊田家　倉	茨城北茨城大塚	535	354	373	板倉２階	平組	115	120	105角材垂木状 1821年墨書
高橋家　倉	群馬利根片品村	３間	２間	２間	土蔵２階				
御座入郷蔵	群馬利根片品村	13.5尺	9.7尺	3.2 m	土蔵平家	平組	70	20～30	厚板垂木状
越本　郷蔵	群馬利根片品村	13.7尺	9.7尺	2.4 m	土蔵平家		70		厚板垂木状
戸倉　郷蔵	群馬利根片品村	15尺	10.6尺	3.5 m	土蔵平家		70		60厚板垂木状
高山家　倉	埼玉深谷市東方	4.0 m	2.7 m	3 m	土蔵２階		160		合掌・母屋使用
坂田家　倉	埼玉深谷市本町	5.4 m	3.6 m	3 m	土蔵２階				
宮川家　倉	埼玉秩父大滝村	456	365	425	板倉２階	平組	165	115	110角材垂木状
土村　郷蔵	長野南佐久小海	460	360	276	板倉平家	平組	90	30	
笠原　郷蔵	長野南佐久小海	229	204	235	土蔵平家		90		厚板垂木状
佐見　義倉	岐阜加茂白川町	460	360	360	土蔵２階	平組	100	40アリ	厚板垂木状
伊藤家　倉	愛知東加茂旭町	894	527	483	土蔵２階	平組	120		垂木　棟札1835

規模で三桁の数字は内法寸法でcmを示す。それ以外のm、尺は概数を示す。

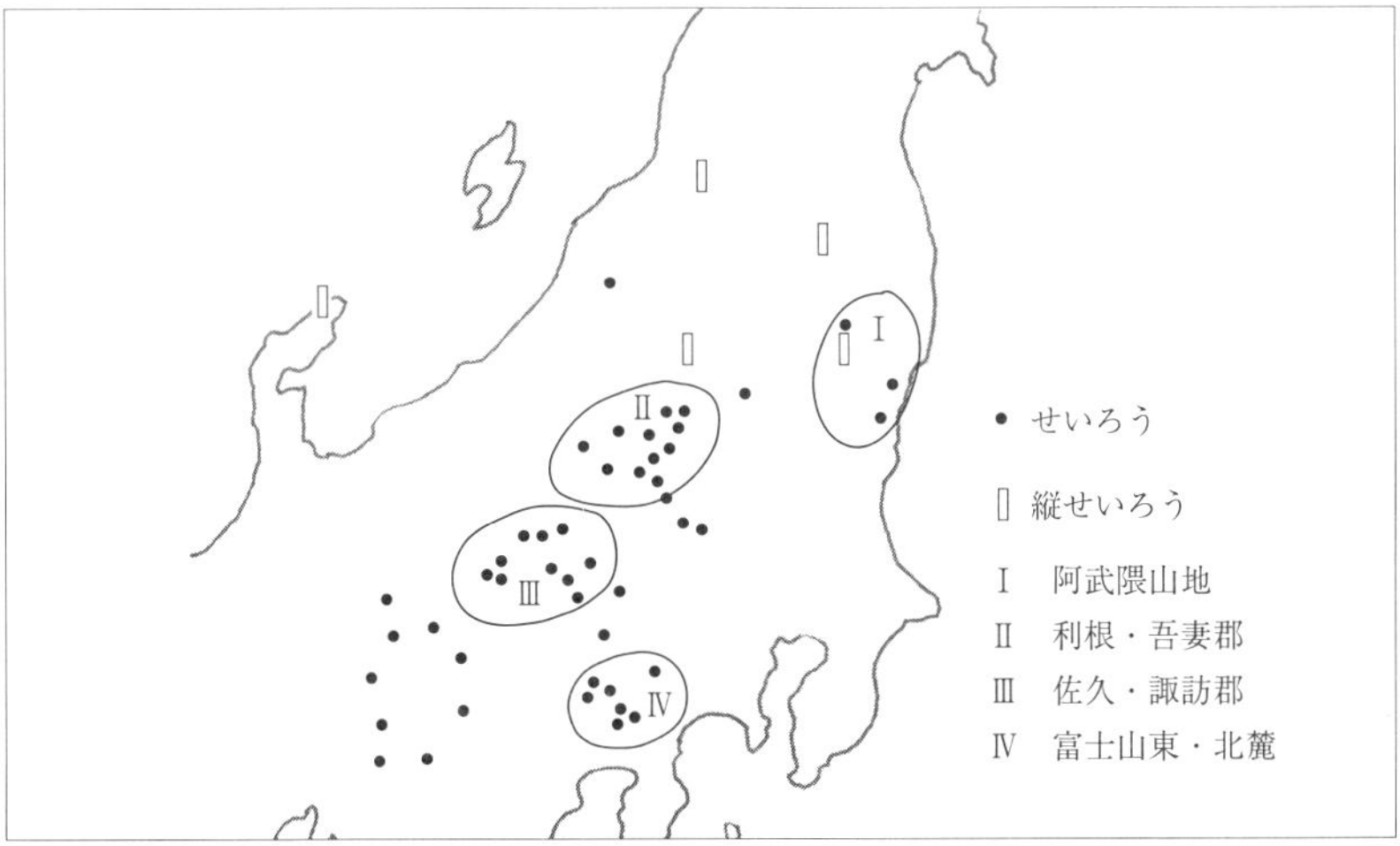

86　東日本せいろう倉分布図

普通のせいろう造り倉庫が存在する市町村。

福島県東白川郡鮫川村、茨城県北茨城市、群馬県利根郡片品村[6]、昭和村、新治村、同県吾妻郡吾妻町、六合村、同県勢多郡赤城村、前橋市、埼玉県秩父郡大滝村、同県深谷市[7]、長野県北佐久郡望月町春日[8]、同県南佐久郡小海町[9]、川上村[10]、同県茅野市[10]、同県諏訪郡、同県下伊那郡、同県飯田市千代[11]、同県木曽郡木曽福島町新開[10]、王滝村[12]、山梨県東山梨郡牧丘町[13]、同県南都留郡道志村[14]、足和田村[14]、静岡県御殿場市[15]、同県駿東郡小山町[15]、岐阜県加茂郡白川町、愛知県北設楽郡津具村、東加茂郡旭町、新潟県三島郡越路町[16]。

B　積み重ね式せいろう造りの変化型

四隅に柱が入った形態

茨城県高萩市本町、柴田家倉は、桁行き内法五・三一メートル、梁間三・五二メートル、高さ三・五五メートル、二階建てのせいろう倉で、置き屋根桟《さん》瓦葺きである。この倉は四隅に柱が立ち、壁は厚さ一〇・五センチの角材を横に積み、栓で止めてある。天井は幅が一八センチの合掌梁に厚さ五センチの厚板が使われている。

この建物は一九三五年に移転されている。

一階だけせいろう組で二階は普通の土蔵式の例

群馬県勢多郡北橘村、今井家の倉は、桁行き内法八・三四メートル、梁行き三・七五メートル、高さ三・九五メートル、土蔵二階建。この倉は一階はせいろう式で、二階は普通土蔵の形態となっている。天井は垂木の上に厚板をのせている。建築年代は寛政年間（一七八九～一八〇一）と推定され、その後たびたび修理が加えられている。

桁行きの外壁を構成する材だけを長く出し、両妻の外壁の端部を落とし込み栓止めにする例

福島県南会津郡檜枝岐村居平、旧星吉一家の板倉は村の文化財に指定されている。桁行き三・九七メートル、梁間三・二二メートル、高さ三・二一メートル。二階付き。壁は厚さ六・五センチ程の厚板を組み上げて重ねてあり、前と後の壁は妻側の壁よりも、両端をやや長く伸ばし、その内側に溝を掘り、妻壁の両端をその溝に落とし込んでいる。また何ヵ所かに差し込み栓でつないである。その原理は、蒸器の形によく似ている。(17)この形式は、ほぞとほぞ穴による、より古いせいろう造りの形式を伝えるものとして貴重である。

87　柴田家倉　茨城県高萩市本町

88　柴田家倉内部

c　縦せいろう造り

i　福島県東白川郡塙町秦家文庫倉、桁行内法六・五〇メートル、梁間四・五五メートル、高さ四・五三メートル、土蔵二階建て、幅三六センチの切石の基礎の上にひば材の土台を二段積みにし、その上に図90に示す見付け一五・五センチの杉材の柱を立て並べて壁体をつくる。上端に桁を回しホゾ止めにする。妻小屋は材を横積みにして地棟をのせる。地棟と軒桁の上には厚さ一〇センチの材で竪野地状に仕上げ、これを土屋根と称し、上部に土を一五センチ厚に塗り、さらに漆喰で仕上げ、その上に置き屋根をのせてある。扉には、かや材を用いてあ

89　秦家文庫倉　縦せいろう　福島県東白川郡塙町

90　同上秦家文庫倉　縦せいろう　内部

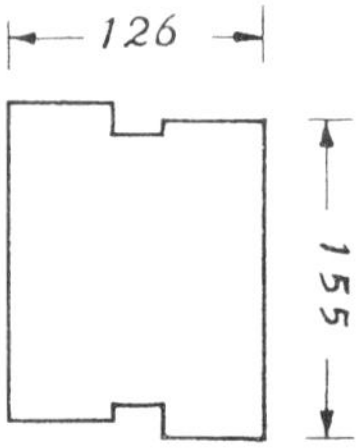

91　同家縦せいろう部材

る。この倉は明治一七年に当時酒・質・紺屋・金貸しを営んでいた先祖が盗難防止のために計画し、付近の矢祭村の大工によって建築したものである。建物は昭和初期、家相のために多少北方に移動し、かつ向きを北から南に変えた。

ii　宮城県柴田郡村田町村田　佐藤家土蔵、桁行五間、梁間二間程の倉で、柱は外壁にそって普通土蔵の二倍の数を密に立て、その間を一階部分は八五ミリ厚の柱状の角材で固めている。二階の柱間は壁仕上げとなっている。建設年は墨書銘から文化年代で、こうした造りの倉はこの辺りでは珍しく、ほかには町内の造り酒屋の倉一棟にこの形式がみられる。またこれはせいろう造りとは言えないかもしれないが、山形県下にある「びっしり倉」といわれるものは柱を隙間なく立てた建築であり、この分類に入るものであろう[18]。

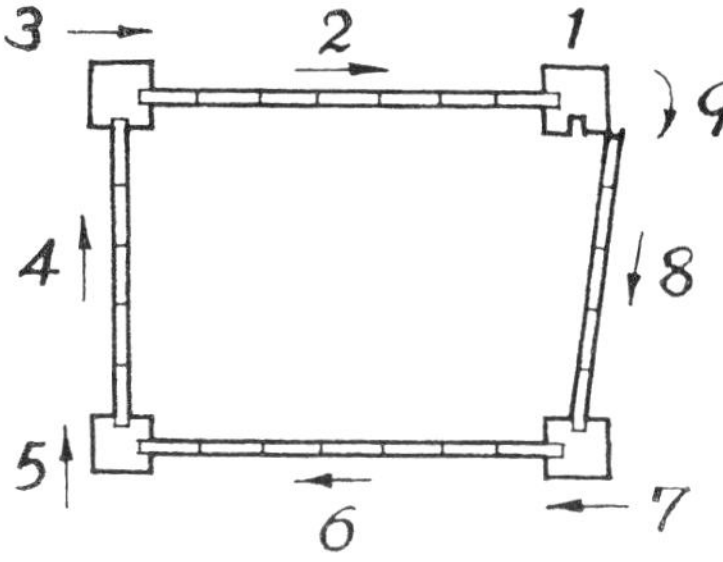

92　縦せいろう組立図　珠洲市馬緤町

iii　石川県珠洲市馬緤町　中谷家倉、桁行三・九四メートル、梁間三・六四メートル高さ三・八六メートル。土蔵二階建、基礎切石三段積みの上に土台一二センチ角、四隅柱一二センチ角、妻側中央に半柱あり、桁行きの二階大梁を受ける。壁は厚さ一・四センチの松板を、柱・桁・梁に溝を切り縦に嵌め込んである。妻壁は梁上に半柱を立て、松の地棟を受ける。地棟上に棟木をのせ、さらに垂木を用い野地《のじ》板をはる。一階床は砂利の上に根太《ねた》を置き、三・六センチ厚の板を敷く。以上は昭和三七年に改築した倉についてである。改築前は桁行き三・七八メートル、梁間三・六四メートルで、材は赤松の心材でやにの多い部分を用い、壁板、床板ともに厚さ四・五センチ程度のものが使用されていた。釘は全然使用せず建て方は図92のような順序で、桶を造るような手法によっていたという。なお当地には倉に使う板の厚みについて次の伝承がある。鼠が言うには「私は八分（二・四センチ）板は喰い破ったことがない」と。(19)

iv　新潟県岩船郡関川村渡辺家金蔵、桁行き九・一メートル、梁間五・四メートル土蔵二階建、内部は一三・六センチの柱を四五・五センチ間隔に立て、柱間には厚み五センチの厚板を縦に二重に張りつめている。さらに内面には幅三・六センチ、厚み〇・三センチの鉄板が縦横に打ち付けられている堅固なつくりである。一九世紀中頃の建築と推定される。

93　渡辺家金蔵　内部　新潟県岩船郡関川村

四　せいろう造り倉庫が建設された理由

せいろう造り倉庫がつくられたのは、その分布が限定されることから、木材がより得やすい地方でつくられ、また風土条件では寒冷地や雨の多い地域に見られる。それに対して縦せいろう造りが建設された理由は、所在地が木材が得やすい地区であるだけでなく、別の理由が考えられる。縦せいろう造りは、ほとんどが土蔵造りになっている。これは、防火の観点も考慮されたものとも思われる。確かに土蔵造は優れていた。しかし土蔵は壁を破る盗賊には弱かった。防火防盗の点ではせいろう造は明治末頃までは最も優れた造りであった。事実縦せいろう蔵は、建設年代が幕末から明治以降のものが多く、しかも建設費用がかさむ理由からみて、伝統的な構法ではなく、いわば富裕なる人々が防犯の点から企画したものではなかろうか。

注

（1）本稿は、昭和三九年に作成してあり、今回一部の内容を加筆した。

（2）それらの板倉や穀びつをせいろうと呼ぶ地域が東北地方にある。例えば青森県下北地方がそうである。（青森県大畑町笹沢新八提供資料）

（3）社寺における校倉造り倉庫でも、壁体を構成する木材（あぜ木）の断面が長方形のものもある。例えば東大寺正倉院宝庫中倉、熱田神宮土用殿（戦災消失）等で、伊勢神宮も室町時代以前はかかる形態であったという説もある。あぜ木が長方形断面のあぜ倉とせいろう倉の間には、一方が高床式であるほか類似の点が多く、両者の間には密接な関係があり興味ある問題を持っている。

（4）西日本にあるせいろう造り倉庫は、東日本より少ない。京都府桑田郡京北町などの丹波地方、岡山県勝田郡・阿哲郡などに分布し、また福岡県田川郡英彦山にもある。

（5）石原憲治『日本農民建築』全一六輯、聚楽社、一九三四～一九四二年。参照。

（6）拙稿「群馬県片品郡の郷蔵について」『日本建築学会関東支部第二九回研究発表会梗概集』一九六一年一月。

（7）深谷市文化財に指定されている。

（8）石原憲治『日本農民建築』一〇輯、聚楽社、一九四二年。

（9）拙稿「長野県諏訪・佐久地方の郷蔵について」『日本建築学会関東支部第三二回研究発表会梗概集』一九六二年六月。

（10）今和次郎「信濃諏訪地方の民家」『草屋根』一九二九年。

（11）飯田市平沢清人の教示による。

（12）長野県大桑村吉村義雄の教示による。

（13）山梨県牧丘町高原尊の教示による。

（14）川島宙次「せいろうぐら」『民芸手帳』第四五号一九六二年二月。

（15）駿東地区教育会『東駿地誌』一九五九年。

（16）『重要文化財旧長谷川家修理工事報告書』一九八九年。

（17）石原憲治『日本農民建築』一五輯二九頁から引用する。「檜枝岐村の部落では板倉を住家のある部落から少し離れた山の手に数棟建てている。中略　そこに一つ古い蒸籠組の倉がある。この造りは厚さ二寸二分位およそ一尺一寸位の姫松材を重ねたもので、前後の外壁は両端を妻側の壁体よりも少し長く出し、両切妻の外壁の両端をその溝に落とし込んだもので、中央一カ所通しホゾを差し込み栓で止めてある。また中二階があるので、二階梁の鼻の三本のホゾが外側の中央に見えている。」

（18）石原憲治の教示による。

（19）拙稿「石川県鳳至郡における農家の土蔵について」『日本建築学会関東支部第三三回研究発表会梗概集』一九六三年一月。

あとがき

大学卒業後、前橋市立工業短期大学に勤めながら、民家に付属する土蔵に興味を覚え、夢中になって写真を撮り続けていた。群馬県では、近世の農民生活に深くかかわった郷蔵に出会った。そこには建設事情や使われ方の記録が多く残り、研究の手懸かりがあることを知った私は、早速ぶしつけながら、全国各地の教育委員会に郷蔵についてのアンケートを依頼し、実地調査を行い、日本建築学会で「くらの研究」を発表し続けた。やがて調査の対象は、幕府や各藩の米倉から、古文書を多く収蔵する、社寺や旧家の文庫にまで拡大した。こうして調査を続けながらわかったことは、土蔵で残っているものは近世からで、しかも中期以降のものがほとんどであること。また古いものは近畿地方に多いこと。古代や中世の倉は社寺の校倉や板倉だけに残っていること等である。調査を進めながら、この研究は最初は成果は小さくても、量がたまれば大きく成長するものと楽観的に考えていた。

そんなとき早稲田の恩師である渡辺保忠教授に会った。「君、現存する土蔵をいくら調べても、論文とはならない。そんなことは誰でも出来る。専門の建築歴史の学位にふさわしい古代の史料を読み解いて、新しい学説を創らなければ学位とは言えない。具体的には古代の校倉について正倉院文書が残っている。これをいかに読んでいくかが問題である」。さあ大変だ。それで今までとは違った方向へ進まなければならなくなった。根本的見直しが必要となった。

さて古代の倉では正倉院宝庫が特に名高いが、これらの校倉に保蔵されていた正倉院文書などには、幸いにも倉の寸法や利用状況をくわしく記録したものが残っており、古文書の分析による研究の道筋がひらけた。

その頃、新しく生まれた名古屋市郊外、春日井市の中部工業大学へ転勤していた。くらの調査研究に関しては、この大学では、研究旅費にも転用できる研究費を援助してくれていた。しかし新しい研究分野の出発するに当たって、まずゼロに等しい古代の文献を集めなくてはならなくなった。その時幸運だったことは、中部工業大学図書館の事務長として、名古屋大学図書館から大島武四郎さんが移られていた。立派な大学を創るためには、図書館が重要であり、基本的史料は是非とも必要であるという信念を持っておられた。研究論考は次から次へと生まれるが、基本的史料は有限である。これを集めなくては、決して立派な図書館は生まれないという考え方を持っていた。当時は工学部の単科大学であり、そのような史料は必要ないという声をものともせず、大日本古文書のような高価なものまで備えてあった。大島氏がその主張を貫くには余程の覚悟が必要であったと思う。しかしこのことは私にとって大きく幸いした。これは後に工業大学から、総合大学へ飛躍する時に有利な条件となった。

さっそく古代史関係の論文を読んでみると、あまりにも論理的で申し分なく書いてあるので、全然歯が立たない、すっかり感心してしまい、そのうちに眠くなってしまうという状態であった。そんなことがしばらく続いた後で、自分の経験したことがきっかけになって、他人の論文の弱点と自分のつよみとを見付けだせるようになった。その一つが塞の理解である。塞は郷蔵の研究で、田舎の土蔵でしばしば見聞していたものである。種々な形態の塞があった。こうしたことが強みになって、一歩一歩進めていった。

勤めだして十年近くたった頃、海外出張の機会がやってきた。まだ気楽にゆける時代ではなかったので、計画は慎重に練った。大学からの補助金と、委託研究の残りを使って行くことになった。建築史の講義に使う建築や、大学のキャンパスの新しい傾向などは当然見なくてはならないが、自分の研究関係のものも慎重に準備した。そして出来上がった計画は、北欧での校倉造りと、イベリア半島での高床式倉庫の調査であった。古代の校倉などを本当に理解するためには、外国の例を見て知識を広めることであった。日本の正倉院のような三角或いは六角のあぜ木を持った校倉があるのかどうか。これが一番の目的となった。

もう一つがスペイン・ポルトガルの高床式建築であった。これは「建築家なしの建築」という本をみて生まれた目標であった。そこにはオレオと呼ぶ高床倉庫があることが解った。北欧と南欧、いずれもヨーロッパの中心から外れた僻地ともいうべき位置にあった。簡単には両者を見てくるわけにはいかない。最小の費用で最大の成果をあげるために、特異な方法をとることになった。往路はナホトカ・シベリアコースで行き、モスクワ見学後ストックホルムで解散、そこから北回りの東京行きの航空便で帰ることにした。その当時はマキシム・マイレージという制度があって、片道の正規料金で一定の距離以内ならば（南回りのキロ数）同価格ということになっていた。それで何回も乗ったり降りたり出来、自由に飛び回れたのであった。行きは学生などの団体に入り、モスクワでは途中から抜け出して、コロメンスコエの野外博物館などコースに入らない所までいった。それからストックホルムのスカンセンやノルウエー・デンマークの野外博物館七箇所を廻った。

ロシヤと北欧を回って気付いたことは、校倉のあぜ木には日本のような三角または六角というものがないということが明確になった。

スペインとポルトガルの高床式倉庫はいずれもイベリヤ半島の西北部にあって、当時日本人があまり行かないところであった。交通も不便なので、ポルトまでは飛行機で行き、そこからレンタカーで回ることにした。そのあたりは大西洋岸で、夏は乾き冬は多雨の土地であった。冬収穫後湿っている穀物を、倉に入れて乾燥するわけである。そのためか石造りの倉ではあるが、高床式倉庫は窓の作り方に工夫がみられ、通風を計り、あぜ木の形が三角形で校倉に似ているものもあった。この辺りは倉内に収納した穀物をいかにして乾燥させるかが大きな問題となっていた。

一般には校倉と板倉の間には、大きな違いがあると考えられている。その区別の解消に大きな影響を与えてくれたのは、日本の民家研究の目的で、ハーノバー工業大学から日本に旅行に来ていたドイツ人の建築家であった。私は彼によって日本人の持つ偏見から解放されたのであった。彼はサウナ小屋の多いフィンランドにもしばしば行くが、そこで教えられたのは「木造建築の特徴は内部のものが良く乾燥することである」ということであった。校倉も板倉も本質的な差はないということを知った。

日本では校倉というと、どうしても現存の校倉から宝物の収蔵庫を思いうかべてしまい、外部から湿気が入らないことを重要視する傾向があった。ところが最初は穀物倉として造られ、しかも内部に蓄積された穀が、自然と乾燥するように造られていたのであった。

日本のあぜ木が特別な断面を持つのはなぜだろうか。日本に校倉が渡ってきたときは、諸外国と同じような丸木倉であった。やがて大規模な穀倉が必要となったとき、当時手本としていた中国は、地下式の倉庫を使っていた。それを風土条件の異なる日本にそのまま受け入れることが出来なかった。すなわち独特のあぜ木を持つ日本式の校倉特有の形態は、正倉としての穀倉を機能的な追求の過程で創造したもので、かつ日本人らしい几帳面さを反映したものとなった。

ところで、校倉は現存する遺構で見る限り、宝庫として使われており、やがて平安時代には余り造られなくなった。そして鎌倉時代以降は校倉にとって核心であるはずのあぜ木の組み方も、強度の強い互組（互い違い）から、弱いがより整った優美な感じのする、稜と稜とを合わせる平組が出現し、やがて単に形態を模しただけの存在となった。強度よりも形態美を求めるところからわかるように、校倉は外国から移入されたもので、日本本来のものではなく、それゆえ定着しなかったのではないだろうか。

私は造酒屋に生まれて、蔵と幼い頃から深い関係にあった。覚えているのは夏の日の夜、蔵の戸を開けて冷気を入れ、朝になれば戸を閉めるというようなことが習慣になっていた。また酒屋では税務署員（間接税）が絶えずやってきて、杉の酒桶を一本一本直径や高さについて測定し記録を採っていたことが思い出された。寸法のゆがみを見いだし、正確に計量することは、担当者の極めて重要な業務であったのだ。このことが穀倉の研究とつながった。

今回は古代・中世の倉について述べた。しかし近世・近代が残っている。近世からは幕府と藩の時代である。幕府と藩の倉についての仕事が残っている。正倉が次の時代にどのようになっていくのか。それを述べる機会を後に持ちたい。

本書を構成する各章の原形となった論文と、その発表の時期は次の通りである。

序　章・第一章
　律令国家における正倉建築の機能
　『日本建築学会論文報告集』二一四号 一九七三年一二月
第二章　律令国家における正倉建築の規格と実態
　『日本建築学会論文報告集』二二五号 一九七四年一一月
第三章　正倉建築の構造と変遷
　『日本建築学会論文報告集』二二六号 一九七四年一二月
第四章　学位論文　工学博士　早稲田大学工学研究科　一九七七年一二月
第五章　同右
付章一　あぜ倉・せいろうなど積重式構法に関する用語規定

『日本建築学会東海支部研究報告』一九七三年四月

付章二　東日本におけるせいろう造り倉庫について

『日本建築学会東海支部研究報告』一九六四年一一月

本研究を進めるにあたって、数多くの先輩から懇切な指導を受けた。特に古代建築史では、福山敏男先生、民家では石原憲治先生には御指導いただいた。すでに学位論文が出来上がってから多くの歳月が過ぎていった。その間出版が遅れたのは本人の怠慢もあり、申し訳のないことであった。今ではこの分野の研究もすっかり進んでおり、特に考古学関係は発掘も進み、多くの優れた研究も生まれている。果たしてこの発表が役に立つかどうか不安ではあるが、しかし発表した論文を正しく理解していただくためにも、出版することになった。

文献調査等では各地の図書館、特に国立国会図書館、各地の教育委員会、郷土史研究者の御協力に感謝し、なおまた建築調査に御協力願った中部大学の学生諸君、そのほか多くの人々の善意を得て完成したことを感謝する次第である。この出版については、法政大学出版局、平川俊彦氏、南風舎の小川格氏には格段のお骨折りを願った。

なお、本書は、日本学術振興会の平成十五年度科学研究費補助金（研究成果公開促進費）の交付を受けて出版されたものである。

二〇〇四年一月

富山　博

事項索引

あ行

アーチ・ヴォールト構造　14, 15
相欠き　159, 160, 168, 173
あぜ木　76〜78, 104, 156, 167, 178
あぜ倉　26, 75, 76, 100, 110, 156, 157, 158, 161, 163, 165, 166, 167
校倉　17, 18, 19, 28, 57, 78, 79, 90, 106, 107, 172
あぜ倉組　21, 26, 75, 83, 100, 101, 110, 111, 152, 167
足貫　128
厚板　82, 83, 92, 104, 172, 173, 180, 181, 184
あり　159, 163, 173
井桁（式）　98, 159, 164, 166, 167, 173
石包丁　31
板厚　127
板壁　125, 128, 129, 132, 153
板倉　15, 18, 21, 34〜37, 55, 60, 62〜69, 74, 77, 79, 82, 83, 85, 86, 102, 103, 108, 112, 138, 150〜152, 161, 172
板甲倉　76, 85
板校倉(板あぜ倉)　18, 19, 82, 83, 85, 93, 156, 158, 167
板倉代　92
板詰め　161
板葺き　67, 69, 152
井戸枠　99, 166
稲倉　78, 97, 99, 152
斎蔵　26
井楼　159
内法(寸法)　35, 57, 59, 151
内法貫　128
穎（稲）　20, 31〜35, 43, 44, 54, 75, 90, 99, 113, 151, 152
穎倉　32, 33, 34, 40〜43, 45, 76, 150
穎稲倉　102
絵巻物　113
凹　98, 160
大蔵　26, 32
大鋸　82
置屋根　140, 180
屋　21, 33, 35, 43, 63〜65, 71, 83, 90, 91, 93, 151, 152, 158

か行

開倉　45
開用　47, 48, 113
家屋文鏡　99
鏡　17, 101
鎰　45, 48
借上　139
壁依板　127
火薬　144
借倉　35
借屋　35, 90
唐臼　113
粥　125
瓦葺き　67, 69, 139, 142, 152
官衙　57, 110, 120, 122
完数尺　120
完数制　57, 59
官倉　26, 105
観音開き　45, 140
木臼　31
規格　15, 18, 20, 27, 54, 59, 62, 63, 151
木釘　173
擬甲あぜ倉　167
亀甲倉　76, 158
規模　20, 38, 40, 42, 43, 45, 54, 63, 120, 165
穹隆高　39
仰韶文化　14
緊結　15, 99, 152
楔　160, 165

草葺　67, 69, 152
釘　160, 165
窖（穴）　14, 106
国大工　122
組合式石棺　166
組み出し　159, 161, 167, 173
内倉　26, 32
倉預　138
倉下　21, 27, 33, 90, 91, 93, 152
倉下屋　91
倉代　21, 55, 67～69, 92, 93, 152
倉代屋　92, 93
倉代殿　92
倉本　138
蔵屋敷　19
郡衙　18, 26, 28, 118, 120, 122, 152
郡家　26
郡郷の正倉　65, 66
間斗束　127
小穴　99, 163
小穴形式　163, 168
甲あぜ倉　76～79, 83, 101～103, 105, 106, 108, 110, 111, 120, 152, 153, 158, 167
甲稲蔵　76
甲倉　15, 18, 21, 28, 34～37, 55, 60, 62～69, 74, 75, 76, 79, 85, 86, 102, 103, 108, 151, 156, 158
甲蔵　76
格倉　76
郷蔵（倉）　19, 113, 175, 176, 179
鉤匙　45
甲小居倉　76
甲双倉　76
甲双子倉　76
構木倉　76
国営政庁　27
国衙　21, 26, 28, 118, 121～123, 128, 138, 153
国司　45, 138
穀倉　14～16, 18, 27, 32～34, 35, 38～45, 57, 58, 59, 61, 63, 76～79, 83, 84, 85, 102～104, 106～108, 150, 151, 153
穀びつ　35, 48, 92, 172
国風化　125
国分寺　27, 121, 122
斛法　18, 27, 36, 37, 39, 58, 59
五間堂　128, 129
木舞　140, 142, 146, 154, 173
米ひつ　159, 161, 163
小屋裏　107

さ行

塞　18, 27, 35～40, 43, 59, 61, 85, 108, 150
下げ縄　140, 146
里倉負名　113, 138
三階蔵　147
三間堂　125, 128, 129
桟俵　113
寺院　57, 61, 62, 90, 110
獅子口（戸前の壁の張り出し）　140, 141
私出挙　139
漆喰　140, 142, 146, 154, 182
湿損　47
仕丁　121, 122
地棟　173, 182, 183
主鎰　45
庄　61, 62
荘園　138
城郭　21, 143～147, 150, 154
正税帳　15, 18, 20, 27, 28, 33～37, 40, 41, 54～67, 103
正倉　15, 18～21, 26～28, 31, 36, 43, 44～46, 54, 63, 65, 74, 82, 83, 87, 90, 102, 103, 104, 113, 118, 120, 121,

122, 125, 130, 138, 152, 153
正倉院　12, 17, 18, 153, 120, 127
正倉院宝庫　18, 28, 57, 77, 79, 80, 83, 90, 106, 156, 158
小堂　129
除耗操作　47
神火　112
心心制　151
深槽　42
神明造　130
心持材　79
出納　35, 38, 90, 93, 107
出挙　90, 91, 113
井幹式　159, 166, 167
税稲　32
正方形　64, 71, 75, 104, 111
せいろ　159, 160, 161
せいろう　156, 159～161, 163, 165, 166, 172～174, 176～184
蒸籠　159
せいろう組み　21, 98, 99, 101, 152, 161, 166～168
石棺　99, 166
石灰　125, 139, 140, 154
折衷　128
栓　108, 160, 165, 180, 181
磚　106
禅宗様（唐様）　112, 123, 125, 126, 127, 130, 132, 153
浅槽　42
造営省　122
造国制　123
惣大工　123
僧坊　121
底敷穎稲　34, 36～40, 43

た行

大嘗会　92
大堂　129
大仏様（天竺様）　123
台輪　15, 100, 102, 152
互組　111, 159, 160, 163, 165, 167
高倉　165
高さ　20, 36, 37, 40. 54, 57, 58, 62, 64, 66, 79, 84, 85, 92, 111, 151, 181, 182
高床　15, 28, 87, 91, 93, 99, 100, 106, 140, 152
高床家屋　17, 18, 97
高床形式　57, 86, 90, 93, 100, 152
竹釘　173
竪穴式　15
縦板横桟柱貫構法　112, 125, 126, 132
縦せいろう造り　182, 183, 184
縦はめ　153
ダボ　173
多聞　145, 146
俵　32, 113, 114, 154
俵三双倉　113
断面　20, 42, 54, 78, 80, 104, 106, 107, 172
地円飛角　127
地方官衙　21, 120～122, 138, 153
柱脚　18, 57, 97, 151
ちょうな　104
長方形　64, 71
土一揆　139, 144
土壁　125, 128, 129, 132, 153
土屋　86, 87, 112
土矢倉　144
壺型土器　97
積重式構法　21, 156
積み重ね式せいろう造（横せいろう）　173, 180
積高　35～37, 39, 40, 57, 58
鉄板　184
鉄砲　144
天守　144
田租　46

ドーム　14
トーロス型神殿　14
土居　15, 99, 100, 102, 152
問丸　138
銅鼓　100, 165
動倉　20, 43～45, 54, 63
銅鐸　17
逃亡　122
動用穀（倉）　36, 39, 41～45, 90
土壙　14, 15, 17, 97, 105
都市　19, 21, 138, 154
土倉　19, 21, 68, 74, 86, 87, 112, 114, 138～143, 150, 154, 158
土蔵　19, 86, 102, 143, 146, 182
土蔵造　147, 173
凸　98, 160
渡来人　26, 32, 101, 165

な行

長さ　20, 36, 37, 40, 54, 57, 58, 60～66, 84, 85, 92, 151
長押　125
双倉　18, 28, 67～69, 86, 88, 91, 110
双甲倉　76, 55
納戸廻り　132
貫　91, 125, 128, 153
抜穂　31
塗り込め　142, 144, 147, 154
根刈　113
鼠返し　18, 87, 97, 106
ねずみの伝承　184
軒裏　147
野地　173, 183

は行

白堊　125, 127, 142～144, 147, 154
白土　125
梯子　87, 107, 108
柱心寸法　57, 59
八棟造　147
埴輪（家）　15, 17, 83, 99, 101
バラ積み　32, 35, 42, 43, 102, 113, 114, 150, 151, 152, 153
番匠　123
ばん積み　161
引き戸　140
磧屋　90
肘壺　140
飛騨工　122
びっしり倉　183
日乾レンガ　14
平組　109, 111, 160, 165, 168, 173
広さ　20, 36～38, 40, 54, 57, 58, 60～66, 84, 85, 92, 151
標準化　127
標準偏差　64, 65, 151
檜皮葺き　67, 69, 152
封泥　106
不動穀（倉）　20, 32, 36, 37, 39, 41～48, 54, 58, 63, 83, 86, 93, 102, 108, 112, 113, 114, 150, 151, 154
不動穀令　32, 120
舟肘木　125
海草糊　147
和様　112, 123
振入　27, 36
文庫（倉）　19, 139, 140
粉体圧　42
壁体構成材　42, 158, 165, 167
平面　14, 20, 42, 54, 63, 64, 75, 86, 111
防火　138
宝庫　18, 28, 57, 77, 78, 79, 80, 83, 89, 90, 103, 106, 111, 153
法倉　36, 37, 55, 60, 85
穂首刈　31
ほぞ　15, 98, 99, 108, 163, 167, 168, 173, 181, 182
ほぞ差　15, 152, 159, 160

凡倉　67

ま行

丸木倉　21, 33～35, 43, 55, 62～69, 74, 75, 83, 101～103, 151, 152, 158
満倉　57, 58, 103, 107, 112, 151
政所　74
未熟練労働　144
三つ倉　86, 110
屯倉　26, 32, 47, 102, 120, 122
蒸器　159, 161, 163, 166, 181
棟持柱　97
明器泥象　106
面積　36, 37, 40, 38, 64, 65, 78
木棺　98, 99, 166
籾穀　76, 105
木槨　101

や・わ行

屋根葺財　20, 54, 67, 69, 152
矢倉　144, 147
櫓　143, 145
容積　36, 37, 40, 59, 60, 61, 64, 65, 66, 85, 104, 110, 151
よき　104
横はめ板　15, 21, 83, 100, 102, 103, 128, 130, 142, 152, 153
横はめ板方式　83, 85, 86, 93, 100, 101, 102, 113, 125, 127
横はめ方式板倉　81～83, 85, 86, 103, 110～112, 120, 142
寄口　122
渡りあご　102, 159
和様　21, 125, 127, 128, 130

史料索引

あ行

安祥寺伽藍縁起資財帳　55, 68
石川宗益家地売買券文　68
伊豆国正税帳　41, 44
和泉監正税帳　33, 37, 41, 42, 44, 74, 76, 82, 85, 102
伊予国正税帳　33, 55, 76
越前国正税帳　41, 42, 44, 46, 91
越前国使解　33, 55
越前国使等解　55
越中国官倉納穀交替帳　33, 36, 83, 85
延喜交替式　34
延喜主税式　47
延暦九年官符「停止土倉」　112
延暦交替式　45
延暦十年官符　113
延暦二年貞観交替式「土屋建設の奨励」　112
延暦年間の官符　86
大江公仲処分案　92
大江公仲処分状案　68
大宅船人解（大和国春日荘券）　68
隠岐国正税帳　41, 42, 44, 46
尾張国正税帳　41, 44, 46, 91

か行

鹿苑日録　142
春日権現験記絵　140, 141
上野国交替実録帳　55, 74, 76, 83, 86, 87, 138
河内国観心寺縁起資財帳　68
観心寺資財帳　92
紀伊国正税帳　41, 42, 44
畿内七道検税使算計法　58
建武元年「丹後国分寺建武再建金堂の成立背景」　123

弘福寺伽藍縁起資財帳　55
孝謙天皇東大寺宮宅施入勅　55, 68
孝謙天皇飛騨坂所施入勅　55, 68
皇大神宮・止由気宮儀式帳　55
興福寺流記（宝字記分）　55
興福寺流記　55, 92
広隆寺資財帳　55, 68, 92
広隆寺資財交替実録帳　55
古語拾遺　26
小治田藤麻呂解　55
今昔物語　92

さ行

西大寺資財流記帳　55, 68, 69, 92
讃岐国弘福寺領山田郡田地図　71, 72
七道検税使算計法　58
貞観交替式　86, 112
貞観寺田地目録帳　68
正倉院文書続修四三　127
続日本紀「諸国正倉、如理不造、多有破壊」　108
続日本紀「楽浪河内、勤建正倉」　108
続日本紀和銅七年太政官奏　32
春記　130
新猿楽記　76
寝殿造邸宅に関する造営文書　127
周防国正税帳　28, 41, 44, 46, 91
駿河国正税帳　41, 44, 46, 86
摂津国正税帳　41
摂津職安宿王家地倉売買券　55
摂津職島上郡東大寺領水無瀬庄地図　71, 72
造石山寺所告朔　55, 68
造石山院所解案　55
倉庫令倉貯積条　47
造仏所作物帳断簡　92
造仏所作物帳　92

た行

大徳寺文書　139
太政官符案　55, 68
太政官牒　55
多度神宮寺伽藍縁起資財帳　55
筑後国府政所　74
筑前国観世音寺資財帳　55
天平一二年大政官付　47
天平勝宝元年勅「諸国正倉、如理不造、多有破壊」　111
天平一九年「国分寺造営工事督促の詔」　121
天平宝字三年「頒下国分寺於天下諸国」　121
天平勝宝三年「寧楽遺文下奴婢帳」　122
東大寺検損色帳　68, 76, 113

な～ら行

長門国正税帳　39, 41, 42, 44
日本書紀斉明天皇紀「大起倉庫、積聚民財」　103
仁治交替帳　74
藤原豊成板殿　127
藤原頼長の文倉　139
不動倉令　33, 120
豊後国正税帳　41, 86
文和元年「周防国仁平寺本堂供養日記」　123
法隆寺伽藍縁起并流記資財帳　68, 86
某解（平城東市荘券）　68
明月記　139, 142
耶蘇会士日本通信上　142
大倭国正税帳　41
大和国添上郡司解　68
大和物語　86
律書残篇奈良時代後期　118
類聚三代格　121

参考資料索引

校倉の研究　23
伊豆山木遺跡　22
伊勢と出雲　19　28
インダス文明　15
エジプト　15
倉下考　46　91
建築の誕生　15
郷蔵制度の変遷　23
考古　99
考古学報　105
広州出土漢代陶屋　105
国宝円覚寺舎利殿調査特別報告書　126
国宝重要文化財姫路城保存工事報告書Ⅲ付図上　146
古代日本の稲倉　22
重文東大寺法華堂経庫修理工事報告書　107
重文法隆寺綱封蔵修理工事報告書　88
重文春日大社本社板蔵他二棟修理工事報告書　82, 84
重要文化財観音堂修理工事報告書　124
荘園史の研究　23
神宮の建築に関する史的調査　23, 89, 130
新建築　80
唐招提寺宝蔵及び経庫修理工事報告書　57
東大寺の諸倉と正倉院宝庫　18, 23, 28
東大寺要録　92
東洋建築系統史論　18
奈良時代建築の研究　80
奈良朝時代民政経済の数的研究　22, 27
日本壁の研究　19, 23
日本古代籍帳の研究　46
日本古代農業技術史　31
日本荘園図集成　72
日本倉庫史　19
日本農民建築　169, 186
日本の倉　19
日本文庫史研究上　23
常陸国新治郡上代遺跡の研究　119
風俗研究　19
福岡県小郡遺跡発掘調査概報　119
文物　16, 105
律令財政史　18, 27, 91

人名索引

あ行

青木和夫　49, 52
浅香年木　13
浅野　清　23, 30, 80, 115, 116, 134
足立　康　18, 22, 28, 30, 94, 115, 116, 168
安 志 敏　115, 169
安藤広太郎　48
石田茂作　18, 23, 28, 30, 95, 116, 168, 169, 170
石野博信　22
石原憲治　169, 185, 186
伊東忠太　18, 23
伊藤ていじ　19, 24, 135, 148, 149
伊藤延男　134
稲葉岩吉　115
井上　薫　30
井上辰雄　50
井上光貞　116
斎部広成　29
歌川　学　49
裏松固禅　97
江上波夫　22
遠藤元男　133
岡崎　敬　115
奥野高広　23, 148
太田静六　19, 24, 148
太田博太郎　19, 23, 71, 95, 133, 135, 148
大西源一　149
大場磐雄　114
大類　伸　149
小野則秋　23

か行

鏡山　猛　49, 70
川上邦基　19, 23
川島宙次　131, 169, 185
岸熊　吉　95
岸俊　男　29, 46
喜田貞吉　22, 27, 29
工藤圭章　134
小泉顕夫　115
孝謙天皇　69
後藤守一　22, 95, 96, 114
小林文次　22
小林平左衛門　23
小林行雄　29, 30, 114, 170
今和次郎　185

さ行

斉藤　忠　30
阪谷良之進　95, 169
笹沢新八　185
佐原　真　22
沢田吾一　18, 22, 27, 30, 50
末松信也　30
杉山信三　95, 115
関野　貞　95, 115
関野　克　96, 97, 127, 134
薗田香融　30, 46, 51, 90, 94, 96

た行

高井悌三郎　119
高原　尊　185
滝川政次郎　115
竹内理三　94, 133
竹島　寛　29, 94, 168
田中重久　95, 168
津田左右吉　29, 96
坪井清足　133
鳥羽正雄　149
豊田　武　23, 148, 149

な行

直木孝次郎　29, 30, 49, 91, 96
直良信夫　31, 48
永井規男　133, 135
永田四郎　77, 94
中村達太郎　169
中村吉治　148
西岡虎之助　23, 71, 72, 148
野村孝文　96

は行

早川庄八　30, 51
林野全孝　23
原秀三郎　132
原田伴彦　23, 148
一枡悦三郎　77, 94
平沢清人　185
古島敏雄　48, 116
福永俊彦　49
福山敏男　18, 22, 23, 28, 30, 87, 95, 96, 97, 127, 130, 132, 134, 170
藤原頼長　139
堀池春峯　133
堀口捨巳　114
本庄栄治郎　23

ま行

正宗竜統　142
松本　清　19, 24
黛弘道　29
丸茂武重　95
宮原武夫　30, 51, 91, 96
村井泰彦　116
村尾次郎　18, 22, 27, 29, 47, 50, 51, 52, 57, 70, 90, 93, 96, 97, 112, 115, 116
村田治郎　18, 22, 23, 28, 30, 94, 95, 115, 168, 169
森口多里　22

や行

八木　充　22, 48
安本　博　114
弥永貞三　48
八幡一郎　22, 28, 30, 170
山田幸一　19, 24, 133, 144, 148, 149
山中敏史　132
山本栄吾　94
山本克巳　30
山本　博　114, 170
義江彰夫　133, 148
吉田　晶　22, 132
吉村義雄　185
米沢　康　49
涼風生　23

わ行

和田軍一　95
和田彦一　169
渡辺保忠　18, 23, 28, 29, 133, 134

地名・建築・倉庫名索引

あ行

愛知県－北設楽郡・東加茂郡(せいろう)　172, 177, 179, 180
熱田神宮土用殿　156
石川県－珠洲市（せいろう）　173, 183
伊勢神宮内宮正殿　130
伊勢神宮内宮・外宮の正殿以外の社殿　156
伊勢神宮外宮御饌殿　89, 156
石上神庫　87
伊藤家せいろう倉（愛知県旭町）　177, 179
犬山城天守閣　145
茨城県－東茨城市（せいろう）　180
今井家せいろう倉（群馬県北橘村）　180
雲南省石寨山出土銅鼓　99, 165
宇治山田（中世の倉）-窪蔵・榎蔵・丹蔵・松蔵　143
円覚寺舎利殿　126
岡山県－勝田郡・阿哲郡（せいろう）　185
置き屋根、横はめ板形式の土蔵
(群馬県片品村)　142

か行

外国のあぜ倉―あり付き　スカンセン　164
外国のあぜ倉―丸木倉　コロメンスコエ博物館　157
家屋文鏡　99
笠原郷蔵（長野県小海町）　179
春日大社本社板蔵　81, 82, 84
春日大社宝庫　89
片波郷蔵（京都府京北町）　162
華南貴州・雲南地方　99
華南の穀倉―木倉　105
華北の穀倉―陶倉房　105
唐古遺跡出土土器　99
含嘉倉　14, 16, 105
木曽のせいろう倉（長野県）　163
吉林省麻綫溝壁画　99, 165
基肄城　62
岐阜県―加茂郡・恵那市（せいろう）　172, 178, 179, 180
仰韶文化　14
京都（中世の倉）―窪蔵・能登蔵・角蔵　143
旭田寺観音堂（福島県下郷町）　124
胡桃館遺跡　156, 157
群馬県―利根郡・吾妻郡・勢多郡（せいろう）　172, 174, 175, 178, 179, 180
穀びつ（群馬県境町）　161
御座入郷蔵（群馬県片品村）　175, 179
越本郷蔵（群馬県片品村）　179
金剛三昧院経蔵　109

さ行

埼玉県－秩父郡・深谷市（せいろう）　172, 176, 179, 180
坂田家せいろう倉（深谷市）　179
阪田家（神戸市）　132
佐藤家土蔵（宮城県村田町）　193
佐見義倉（岐阜県白川町）　179
獅子口を持った土蔵
(福島県本宮町)　141
静岡県－駿東郡（せいろう）　172, 180, 161
柴田家倉（高萩市）　180, 181
正倉院宝庫　57, 76, 77, 78, 79, 80
83, 156, 158
白水阿弥陀堂　124
正宗竜統の防火書庫　142

た行
高坂家せいろう倉（福島県鮫川村） 177, 179
高橋家せいろう倉（群馬県片品村） 179
高山家せいろう倉（深谷市） 179
手向山神社宝庫 57, 78
茶臼山古墳出土埴輪家 99
茶臼山古墳 15
中国東北・北朝鮮・沿海州地方 99
津久井郡板倉（神奈川県） 161
土村郷蔵（長野県小海町） 176, 179
テル・アル・サラサート第2丘 14
伝讃岐出土銅鐸 99
唐招提寺宝蔵 57, 78
唐招提寺経蔵 57, 78, 79, 109
東寺（教王護国寺）宝蔵 57, 78
東大寺本坊経庫 78
東大寺法華堂経庫 57, 78, 107
東大寺勧学院経庫 78, 157
戸倉郷蔵（群馬県片品村） 179
豊田家せいろう倉（北茨城市） 174, 179
登呂遺跡 15

な行
中谷家倉（珠洲市） 183
長野県—諏訪郡・佐久郡・木曽郡・伊那郡（せいろう） 163, 172, 176, 179
新潟県—三島郡（せいろう） 173, 180
新治郡衙遺跡 119

は行
箱木家（神戸市） 131
秦家文庫倉（福島県塙町） 182
ハラッパー遺跡 14
英彦山神社板倉（福岡県） 163, 164
檜枝岐村旧星家板倉 181
檜枝岐村の板倉（福島県） 162, 163
姫路城天守閣 146
福岡県小郡遺跡 119
福島県—阿武隈山地・檜枝岐（せいろう） 173, 177, 180

福山城伏見櫓 145
藤原豊成板殿 127
藤原頼長の文倉 139
平城京跡 93
法隆寺大講堂 140
法隆寺綱封蔵 86, 88
法界寺阿弥陀堂 140

ま行
松坂（中世の倉）—伊豆蔵・下蔵・雲出蔵・射和蔵・美矢古蔵・鎌田蔵 143
丸岡城天守閣 145
丸木倉 スカンセン 75
宮川家せいろう倉（埼玉県大滝村） 176, 179
民家の板壁-京都市右京区嵯峨 131
六十谷出土家型壺（和歌山県） 87
モヘンジョダロ遺跡 14

や・ら・わ行
安井家せいろう倉（恵那市） 178, 179
山木遺跡 15
山梨県－南都留郡・東山梨郡（せいろう） 172, 180
ヨーロッパ普通のあぜ倉 スカンセン 110
自玉手祭来酒解神社神輿庫 81
ラムセス2世の葬祭殿 14
渡辺家金蔵（新潟県関川村） 184,

図・写真一覧

1　テル・アル・サラサート第二丘の穀倉　BC3500
2　ラムセス二世の葬祭殿付属倉庫 BC1300
3　パラッパーの穀倉復原図 BC2500
4　洛陽含嘉倉穴倉分布図　『文物』1972年3月
5　周防国正税帳　正倉院文書　天平7年「大日本古文書一」
6　穎の遺物と復原　唐古遺跡　直良信夫『日本古代農業発達史』
7　穀びつ　長野県上田地方
8　穀倉の面積と塞面積との関係
9　正倉の印　岸俊男『日本古代籍帳の研究』
10-1　唐招提寺経蔵　桁行断面図
10-2　唐招提寺経蔵　梁行断面図
11　荘園絵図に示された倉讃岐国弘福寺領山田郡田地図（部分）　天平7年 多和文庫
12　荘園絵図に示された倉（部分）摂津職島上郡東大寺領水無瀬庄地図 天平勝宝8年 正倉院文書
13　丸木倉　ストックホルム　スカンセン野外博物館
14　正倉院宝庫南倉　外観
15　正倉院宝庫中倉　外観
16　正倉院宝庫　平面図　浅野清『奈良時代建築の研究』
17　正倉院宝庫　断面図　『新建築』1959年3月
18　自玉手祭来酒解神社神輿庫　外観 鎌倉時代
19　春日大社本社板蔵　外観　江戸時代
20　春日大社本社板蔵　東側立面図
21　春日大社本社板あぜ蔵　西側立面図
22　春日大社本社板蔵　平面図
23　穀倉の長さ／広さと高さの関係
24　法隆寺綱封蔵　外観
25　法隆寺綱封蔵　平面図
26　伊勢神宮外宮御饌殿図面
27　春日大社宝庫　外観　室町時代
28　登呂遺跡復原倉庫　外観
29　登呂遺跡発掘の壁部材
30　埴輪家（板壁）三重県石山古墳出土
31　高句麗のあぜ倉　吉林省麻綫溝一号墓壁画
32　漢のあぜ倉　雲南省石寨山出土銅鼓形貯貝器拓本
33　正角材と甲あぜ木の関係
34　華北の穀倉　陶倉房
35　華南の穀倉　木倉
36　東大寺法華堂経庫　断面図
37　校倉の梁架構図
38　唐招提寺経蔵 外観
39　平組みのあぜ倉　金剛三昧院経蔵（鎌倉時代）
40　ヨーロッパの普通のあぜ倉　スカンセン野外博物館
41　新治郡衙遺跡（南部群を除く）
42　福岡県小郡遺跡掘立柱配置図
43　白水阿弥陀堂　外観　国宝の和様仏堂　平安時代
44　白水阿弥陀堂　外壁　和様仏堂
45　和様仏堂　横はめ板構法　旭田寺観音堂　1388年
46　円覚寺舎利殿　外観　禅宗様仏堂
47　円覚寺舎利殿　禅宗様縦板横桟柱貫構法　断面詳細図
48　和様仏堂における横はめ板の厚さと柱間寸法の関係図
49　伊勢神宮内宮正殿　平面図

50 伊勢神宮内宮正殿　側面図
51 箱木家住宅外観　神戸市北区　千年家とよばれる古い民家（移築前）
52 民家の板壁　京都市右京区嵯峨　横はめ方式板壁　川島宙次『滅び行く民家　屋根 外観』
53 土倉　「春日権現験記絵」第14巻第6段　宮内庁三の丸尚蔵館蔵
54 獅子口を持つ土蔵　福島県本宮町名郷
55 置屋根 横はめ板形式土蔵　群馬県片品村下平
56 丸岡城天守閣　真壁造腰羽目板張であり初期の天守閣
57 犬山城天守閣　初期の天守閣の例
58 福山城伏見櫓　古式の構造を伝えている　伏見城の遺構
59 姫路城天守閣　最盛期の天守閣　軒方丈とも塗籠造　1608年
60 姫路城壁下地　大天守6階外部　嵌板に打付
61 胡桃館遺跡　古代末期住居　組立図
62 日本のあぜ倉　奈良市東大寺勧学院経庫　奈良時代
63 外国のあぜ倉　丸木倉　モスクワコロメンスコエ博物館
64 せいろ　蒸籠（調理用具）春日井市下市場
65 米ひつ　三沢市　渋沢公園民俗博物館
66 米ひつ部分　三沢市　渋沢公園民俗博物館
67 こくびつ　せいろう　群馬県佐波郡境町島村
68 片波郷蔵　京都府北桑田郡京北町
69 旧星家板倉　福島県南会津郡檜枝岐村
70 木曽のせいろう倉　長野県木曽福島町
71 英彦山神社板倉　アリ付き 福岡県田川郡添田町
72 前掲英彦山神社板倉の組方細部
73 外国のあぜ倉 アリ付き　ストックホルム・スカンセン野外博物館
74 あぜ倉とせいろうの比較
75 豊田家せいろう倉　茨城県北茨城市
76 前掲豊田家せいろう接合部分
77 御座入郷蔵　群馬県利根郡片品村
78 御座入郷蔵断面図
79 宮川家せいろう倉　埼玉県秩父郡大滝村
80 土村郷蔵　長野県南佐久郡小海町
81 高坂家せいろう倉　福島東白川郡鮫川村塚本
82 伊藤家せいろう倉内部　愛知県東加茂郡旭町閑羅瀬
83 伊藤家せいろう倉　愛知県東加茂郡旭町閑羅瀬
84 安江家せいろう倉　岐阜県恵那市中野方
85 安江家せいろう倉内部　岐阜県恵那市中野方
86 東日本せいろう倉分布図
87 柴田家倉　茨城県高萩市本町
88 柴田家倉内部　茨城県高萩市本町
89 秦家文庫倉（縦せいろう）福島県東白川郡塙町
90 秦家文庫倉（縦せいろう）内部 福島県東白川郡塙町
91 秦家縦せいろう部材　福島県東白川郡塙町
92 縦せいろう組立図　珠洲市馬緤町
93 渡辺家金蔵　内部　新潟県岩船郡関川村

表一覧

表1　穎倉（屋）の収蔵量による穎稲体積
表2　底敷穎稲による穎稲体積
表3　和泉監正税帳・越中国交替帳の正倉（穀倉）
表4　正税帳記載国（郡）別保蔵稲穀量による一倉当たり平均収容量
表5　租穀年間蓄積量
表6　古代倉庫寸法記載文献構造別一覧表
表7　穀倉実質容積頻度分布表
表8　1000斛単位に区分した穀倉の寸法比較
表9　仮定穀倉実質容積頻度分布表
表10　1000斛単位に区分した穀倉以外の倉庫寸法比較
表11　古代倉庫の構造別寸法平均値比較表
表12　郡郷正倉の構造別寸法平均値比較表
表13　古代倉庫の所属別・構造別寸法規模比較表
表14　古代倉庫屋根葺材構造別分類表
表15　屋根葺き材と規模との関係
表16　古代校倉甲あぜ木頂角表
表17　和様仏堂における壁体
表18　普通積み重ね式せいろう造り倉庫

著者略歴

富山 博（とみやま ひろし）

1930年8月 福島県本宮町生まれ
1958年3月 早稲田大学大学院工学研究科卒業
1964年4月 中部工業大学助教授
1982年4月 中部大学教授
2001年3月 中部大学退職 名誉教授

主要著書・論文

「律令国家における正倉建築の研究」早稲田大学学位論文（工学博士）
『農村舞台の総合的研究』共著 桜風社刊
『人形浄瑠璃舞台史』共著 八木書店刊

日本古代正倉建築の研究

発行 2004年2月20日 初版第1刷

著 者 富山 博

発行所 財団法人 法政大学出版局
〒102-0073 東京都千代田区九段北3-2-7
電話03（5214）5540 振替00160-6-95814

編集制作 南風舎／印刷 平文社／製本 鈴木製本所

Printed in Japan

ISBN4-588-32123-4

鬼頭清明　日本古代都市論序説　四八〇〇円

森郁夫　日本古代寺院造営の研究　一万二二〇〇円

岡藤良敬　日本古代造営史料の復原研究　造石山寺所関係文書　六八〇〇円

須磨千頴　賀茂別雷神社境内諸郷の復元的研究　二万五〇〇〇円

櫻井敏雄　浄土真宗寺院の建築史的研究　二万三〇〇〇円

櫻井敏雄・多田準二　大阪府　神社本殿遺構集成　二万円

秋山國三　近世京都町組発達史　新版・公同沿革史　九五〇〇円

秋山國三・仲村研　京都「町」の研究　七〇〇〇円

水野信太郎　日本煉瓦史の研究　一万一五〇〇円

表示価格は税別です